Wahrnehmungsstörungen bei Kindern – Hinweise und Beobachtungshilfen

Liebe Leserinnen, liebe Leser!

Wir alle kennen das: Ein Kind fällt uns auf. Immer wieder bleibt unser Blick an ihm hängen und wir versuchen festzumachen, was eigentlich nicht stimmt, worin es uns auffällt, in welcher Hinsicht es sich anders verhält als die anderen. Und wir alle kennen das Unbehagen, das uns befällt, wenn wir die Auffälligkeit nicht richtig einordnen können.

Schätzungsweise bei jedem sechsten bis achten Kind treten Entwicklungsauffälligkeiten auf, deren eigentliche Ursache eine Hirnfunktionsstörung ist. Häufig handelt es sich dabei um Wahrnehmungsstörungen, die bereits im Kindergartenalter erkennbar sind. Wenn ErzieherInnen sie rechtzeitig bemerken und einordnen, werden sie gemeinsam mit den Eltern dafür sorgen können, dass das betreffende Kind fachkundige Hilfe bekommt.

Mit diesem Sonderheft gibt Ihnen die Autorin wichtige Hinweise und Beobachtungshilfen an die Hand. Sie sollen Ihnen ein besseres Verständnis dieses komplexen Feldes sowie eine kompetente Einschätzung der Ihnen anvertrauten Kinder ermöglichen.

Ihre Redaktion kindergarten heute

Wir danken Clara, 3 Jahre, die sich als Modell für das Titelfoto zur Verfügung gestellt hat.

I. Wie erkennen – wie verstehen?

Um Auffälligkeiten in der Wahrnehmungs-entwicklung richtig einordnen zu können, ist es nicht nur wichtig, genau zu be-obachten, es ist auch notwendig, ein ge-wisses Grundverständnis davon zu er-werben, wie sie entstehen. Nur so lassen sich die Zusammenhänge zwischen Wahrnehmungsstörung und Verhaltens-auffälligkeit erkennen.

▬ Wahrnehmungsstörungen als Ursache für Entwicklungsauffälligkeiten

Es gibt viele mögliche Ursachen für Verhaltensauffälligkeiten von Kindern. Eine davon geht zurück auf Wahrnehmungsstörungen, die es möglichst früh zu erkennen gilt. Kernfragen, die dazu immer wieder auftauchen, lauten:

- Woran erkenne ich Auffälligkeiten im Entwicklungsprozess eines Kindes, denen möglicherweise Wahrnehmungsstörungen zu Grunde liegen?
- Was kann im Alltag in der Familie oder im Kindergarten beobachtet werden, das erste Hinweise bietet?
- Wie können die Beobachtungen interpretiert werden?

Screening-Verfahren zur Orientierungshilfe

Die Beobachtungsbögen in diesem Heft sollen MitarbeiterInnen im pädagogischen Bereich als Orientierung für die Beobachtung konkreter Verhaltensweisen ca. 5- bis 6-jähriger Kinder dienen, die direkt oder indirekt Hinweise auf normale bzw. auffällige Entwicklungsprozesse liefern. Es geht dabei nicht um eine genauere Ursachenbestimmung oder gar eine Diagnostizierung, sondern es geht vor allem darum, zu entdecken: „Da stimmt was nicht". Wichtig ist diese Altersstufe deshalb, weil auffällige Entwicklungsverläufe spätestens(!) im letzten Kindergartenjahr erfasst werden sollten. So können noch relativ frühzeitig und vor allem vor Schulbeginn geeignete Hilfestellungen geboten und der Entwicklungsprozess insgesamt positiv beeinflusst werden.

Auch können in der Grundschule auftauchende Lern- und Leistungsstörungen wie z. B. Konzentrationsmangel, Schwierigkeiten in der Orientierung im Zahlenraum oder beim Erwerb des Lesens und Schreibens rascher den eigentlichen Ursachen zugeordnet werden. Das „bloße Abwarten", oft bis ins 3. Schuljahr hinein, ohne gezielte Diagnostik und Hilfestellungen führt leider häufig zu einem Teufelskreis von entnervten, überforderten Eltern und Lehrern sowie völlig entmutigten Kindern.

Verhinderung sekundärer Folgen für das Kind und seine Bezugspersonen

Es ist leicht vorzustellen, wie daraus beim Kind sekundäre Folgen entstehen, beispielsweise Selbstwertprobleme, misserfolgsorientierte Haltung Aufgaben gegenüber, depressive oder gereizt-aggressive Grundstimmung, soziale Isolierung oder Stigmatisierung und andere Lernblockaden.

Auf Seiten der Eltern kann sich eine zwiespältige Beziehung zum Kind entwickeln, da sie die Probleme des Kindes weder verstehen noch gezielt angehen können. Hin- und hergerissen zwischen akzeptierender Unterstützung, Mitleid, Ärger, Verzweiflung, Selbstzweifeln hinsichtlich ihrer Erziehungsfähigkeiten versuchen sie, teils durch stundenlanges Üben und Hausaufgabenmachen (Überforderung), teils mittels Drohungen und (ungerechten) Bestrafungen der Probleme Herr zu werden. Selbst die „besten Eltern der Welt" geraten leicht in die Zwickmühle von Akzeptanz ihres Kindes auf der einen Seite und dem Leistungsdruck der Schule oder auch dem sozialen Druck der Eltern von Mitschülerinnen und Mitschülern (falls das Kind bereits in die Rolle des Störenfrieds geraten ist) auf der anderen Seite.

> **Die Beobachtungsbögen sollen dazu dienen, konkrete Verhaltensweisen von entwicklungsauffälligen Kindern wahrzunehmen und sie zu hinterfragen.**

Kybernetisches Regelmodell zum Wahrnehmungsprozess

Perzeption
Sinnvolle Reizverarbeitung im ZNS (z. B. filtern, vergleichen, Bedeutung geben)

Reaktion

Rezeption
Aufnahme von Sinnesreizen durch spezifische Sinnesorgane

Übertragung in die Motorik

Speicherung

Rückmeldung

II. Grundlegendes zu Auffälligkeiten in der Wahrnehmungsentwicklung

„Wahrnehmung" ist die sinnvolle Verarbeitung von Sinnesreizen im Gehirn. „Wahrnehmungsstörung" ist keine eigenständige Diagnose, sondern ein Sammelbegriff, der verschiedene Störungen in der Wahrnehmungsentwicklung umfasst.

▬ Was ist Wahrnehmung und was sind Wahrnehmungsstörungen?

Andreas Fröhlich (1977, S. 10) definiert Wahrnehmung als „die sinnvolle Verarbeitung von Reizen". Unter Reiz wird hierbei „jeder Impuls der Sinnesorgane an das Zentralnervensystem" verstanden.

Sinnesmodalitäten und Sinnesleistungen		
Sinnesmodalität (Sinnessystem)	**Sinnesorgan(e)**	**Erkenntnistätigkeit und Sinnesleistung**
Hautsinn oder **Tastsinn** (speziell bezogen auf Mund und Hände als sog. Tastorgane) taktile Wahrnehmung	Haut mit den verschiedenen Sinnesrezeptoren (Empfänger-organen) für Berührung und Druck (Merkel-Körperchen), Temperatur (Thermorezepto-ren), Schmerz (Schmerzrezep-toren), Kitzelreiz, Vibrationen (Vater-Pacini-Körperchen), Dehnung der Haut und Ge-lenkbewegungen (Ruffini-Kör-perchen), Anfang, Ende und Änderungen von Berührungen (Meissner-Körperchen und Haarfollikel-Rezeptoren)	„Spüren": Berührungsempfindung, Erkennen von Oberflächen-strukturen und Konsistenzen, Kitzelempfindung, Vi-brationsempfindung, Kälte-Wärmeempfindung, Schmerzempfindung, Objekterkennung (stereognosti-sche Wahrnehmung in Zusammenarbeit mit Muskel-sinn und anderen Sinnen)
Geruchssinn olfaktorische Wahrnehmung	Nase, Nasenhöhle mit Riech-zellen (= Rezeptoren) in Riechschleimhaut	„Riechen": Düfte erkennen
Geschmackssinn gustatorische Wahrnehmung	Zunge mit Geschmacksknos-pen (= Rezeptoren) und Gau-men	„Schmecken": Geschmack erkennen (in Kooperation mit Geruchssinn)
Muskel- und Stellungssinn kinästhetische Wahrnehmung	Muskeln mit Spannungs- und Dehnungsrezeptoren, Sehnen mit Dehnungsrezeptoren und Gelenke	„Körper und Bewegung empfinden": Spannung, Druck, Bewegung und Bewegungsrichtung, Körper- und Bewegungsgedächtnis, Körperwahrneh-mung
Gleichgewichts-sinne (Lage- und Drehbe-wegungssinn) vestibuläre Wahrnehmung	Gleichgewichtsorgan mit Flüs-sigkeit, Steinchen und Sinnes-härchen (= Rezeptoren) in utriculus und sacculus (Teil-organe des Gleichgewichtsor-gans)	„Stabil sein", „sich stabilisieren": „Sich bewegen", Raum-Lage-Orientierung, Drehbewe-gungen, Beschleunigungen erfassen, Gleichgewichtsre-gulierung und Körperkoordination (mit Muskel-, Stel-lungs- und Hautsinn zusammen)

Fortsetzung nächste Seite

Sinnesmodalität (Sinnessystem)	Sinnesorgan(e)	Erkenntnistätigkeit und Sinnesleistung
Gehörsinn auditive Wahrnehmung	Ohren mit Sinneshärchen (= Rezeptoren) in Gehörschnecke	„Hören": Erkennen und Unterscheiden von Geräuschen, Tönen, Klangfarben und Lautstärken, Stimmen erkennen, Lokalisieren und Identifizieren von Geräuschquellen, Richtungs- und Bewegungshören, Melodien und Rhythmen erfassen, Unterscheidung von Lauten (Lautdiskrimination) und Spracherfassung, auditives Gedächtnis, auditiv-motorische Koordination (in Zusammenarbeit mit Muskel- und Stellungssinn)
Sehsinn visuelle Wahrnehmung	Augen mit Zäpfchen und Stäbchen (= Rezeptoren) in der Netzhaut	„Sehen": Farben, Formen, Objekte und Oberflächenstrukturen erkennen, Objektkonstanz, Figur-Hintergrund-Wahrnehmung, Entfernungswahrnehmung, Raum-Lage-Wahrnehmung (räumliche Beziehungen) und räumliche Wahrnehmung (dreidimensionales Sehen, Tiefenwahrnehmung), visuelles Gedächtnis u. a., visuo-motorische Koordination (in Zusammenarbeit mit Muskel-und Stellungssinn)

Unter Wahrnehmungsstörungen fassen wir alle Störungen in der sinnvollen Verarbeitung der im Zentralen Nervensystem (ZNS) eintreffenden Sinnesreize zusammen. Wahrnehmungsstörungen müssen ganz eindeutig unterschieden werden von Sinnesbehinderungen, wenn also die Sinnesorgane selbst eingeschränkt oder nicht funktionstüchtig sind, beispielsweise bei Schwerhörigkeit und Taubheit, Sehfehlern und Blindheit oder aber auch bei Erkrankungen des Gleichgewichtsorgans.

Wahrnehmung ist das Ergebnis eines komplexen Informationsverarbeitungsprozesses, der die in der Abb. S. 3 dargestellten Teilschritte beinhaltet. Innerhalb eines jeden Teilschrittes können Störungen auftreten. Wir sprechen erst dann von Wahrnehmungsstörungen im eigentlichen Sinn, wenn in den Teilschritten Reizverarbeitung, Reaktion und Rückmeldung Störungen auftreten.

Die sinnvolle Umsetzung im Zentralen Nervensystem, einschließlich der Reaktionen, stellt einen hochkomplexen integrativen Verarbeitungsprozess dar, an dem gleichzeitig mehrere Hirnbereiche beteiligt sind. Dieses integrierte Zusammenwirken bildet so genannte „funktionale Systeme", die Gesamtleistungen wie z. B. Wahrnehmung oder Sprache oder Konzentrationsfähigkeit ermöglichen. Im Falle der Wahrnehmung spricht man auch von einer sensorischen Integrationsleistung.

Bis zum heutigen Tage haben die Wissenschaftler noch nicht enträtselt, wie das Gehirn die hochkomplexe Integrationsleistung bewerkstelligt. Die einfachste Vorstellung wäre, dass es auf höherer Ebene ein Zentrum gibt, bei dem alle Informationen eintreffen, die dann integriert würden. Dem ist aber sicher nicht so.

Man weiß heute lediglich, dass die Integration permanent auf allen Gehirnebenen geschieht. Wie und unter welchen Einflüssen stehend, ist noch nicht enträtselt. Es zeichnet sich jedoch die Erkenntnis ab, dass die gerichtete Aufmerksamkeit, wenn also Augen abtasten,

Ohren lauschen und Hände tastend erkunden, erstens jene Erregung (eine „Vorspannung", vergleichbar dem Vorglühen des Dieselmotors) herstellt, durch die Reizaufnahme und Verwertung überhaupt geschehen kann, und zweitens die Integrationsleistungen offensichtlich besser verlaufen lässt. Diesem Umstand sollte bei allen entwicklungsförderlichen Aktivitäten Rechnung getragen werden.

Wahrnehmungsstörung, ein Sammelbegriff

„Wahrnehmungsstörung" ist kein einheitlicher Begriff und auch keine eigenständige Diagnose oder „Krankheit". Er ist vielmehr ein Sammelbegriff, der verschiedene Störungen in der Wahrnehmungsentwicklung umfasst, und der anzeigt, dass unterschiedliche Auffälligkeiten im Säuglings-, Kleinkind- und Jugendalter in irgendeiner Weise durch Wahrnehmungsstörungen mit bedingt oder gar hauptsächlich verursacht sind. Hierzu einige Beispiele:

Bei Auffälligkeiten wie Fütterstörung oder exzessives Schreien im Säuglingsalter können Störungen der sinnvollen Verarbeitung von Haut- und Gleichgewichtsreizen oder eine akustische und geschmackliche Überempfindsamkeit die Ursache sein. Aggressives Verhalten und überstarke oder fehlende Ängstlichkeit können durch Störungen in der taktil-kinästhetischen Entwicklung, einhergehend mit einem mangelnden Körperbewusstsein, (mit-)bedingt sein. Soziale Isolierung und stereotypes Spielverhalten – wie dies gerade für autistische Kinder charakteristisch ist – können Folge von Überempfindsamkeit im visuellen, auditiven und geruchlichen Wahrnehmungsbereich sein. Daraus kann eine mangelnde Verknüpfung von einzelnen Sinnesmodalitäten untereinander resultieren und im Gefolge eine Störung der Entwicklung der Serialstufe.

Mangelnde Ausdauer und sprunghaftes Spielverhalten im Kindergartenalter sind häufig auf eine mangelhafte Fähigkeit zur Reizfilterung zurückzuführen. Bei Teilleistungsstörungen, z. B. Lese-Rechtschreibschwäche, Sprachentwicklungsstörung und Konzentrationsschwäche des Schulkindes, lassen sich oft Störungen in der auditiven und der visuellen Wahrnehmungsentwicklung sowie im Körperbewusstsein und der serialen Entwicklungsstufe finden. Auch kann das Erscheinungsbild eines Syndroms (z. B. ADHS, Autismus und Down-Syndrom) wesentlich durch das individuelle Muster von Wahrnehmungsstörungen innerhalb der einzelnen Sinnesmodalitäten und durch die jeweilige Entwicklungsstufe geprägt sein.

Wahrnehmungsstörungen als Vulnerabilitätsfaktor

Es sei an dieser Stelle nochmals darauf verwiesen, dass Entwicklungs- und Verhaltensauffälligkeiten auch durch andere Faktoren (z. B. durch Bindungsunsicherheit bei gestörtem Mutter-Kind-Dialog mit einer depressiven Mutter oder durch Überforderungen und Angstblockaden) hervorgerufen sein oder zumindest mit bedingt sein können. Selbst wenn Wahrnehmungsstörungen eindeutig fest-zustellen sind, muss doch von einer komplexen Wechselwirkung dieses Befundes mit psycho-sozialen Komponenten wie beispielsweise Reaktionen der sozialen Umwelt darauf, mit den subjektiven Bewertungen des Handicaps und dem angeborenen Temperament des Kindes ausgegangen werden.

Mit Bezug auf das wissenschaftlich anerkannte Diathese-Stress-Modell zur Erklärung der Entstehungsgeschichte (Genese) psychischer Störungen kommt den Wahrnehmungsstörungen die Bedeutung der Diathese (= biologischer Vulnerabilitätsfaktor; „Vulnerabilität" = Verletzlichkeit) zu, die in Wechselwirkung mit anderen (Stress-) Faktoren und in Altersabhängigkeit sich mehr oder weniger stark in Entwicklungs- und Verhaltensauffälligkeiten äußert. Umgekehrt gilt, dass bei Vorliegen von Wahrnehmungsstörungen – gleich welcher Ursache – günstige Umweltbedingungen hohe kompensatorische Wirkung haben können.

Zu den günstigen Bedingungen würden beispielsweise zählen: Frühest mögliches Erkennen der Störung, um Überforderungen, Unterforderungen, ungerechte Bestrafungen, unangemessene Verwöhnungsstrategien usw. verhindern und rechtzeitig angemessene Unterstützung und Hilfestellung bieten zu können; Stärken und Kompetenzen des Kindes erkennen und verstärken; positive Interaktionsgestaltung, wodurch auch die Gefahr einer möglichen Störung des frühen Mutter-Kind-Dialogs

Positive Interaktionsgestaltung schränkt die Wirksamkeit möglicher Risikofaktoren ein.

reduziert wäre, der ja Grundlage für die Entwicklung eines sicheren Bindungsmusters ist. Eine sichere Bindung baut sich bei geglückten frühen sozialen Interaktionen auf. Sie gilt wiederum als Schutzfaktor, der die Wirksamkeit von Risikofaktoren oder genetisch bedingten wie erworbenen Vulnerabilitäten erheblich einschränkt.

Neurobiologisch und neuropsychologisch orientierte Autoren (vgl. Kandel u. a. 1996) sprechen vielfach von „Wahrnehmungs- und Verarbeitungsstörungen", um den höchst komplexen Prozess von der vorrangig noch sensorisch gesteuerten Aufnahme der Sinnesreize über die Weiterleitung zum Gehirn und den bereits kognitiven Prozess der mehrfachen und schon integrierenden Verarbeitung in all den verschiedenen Ebenen des Gehirns (vom Stammhirn, Zwischen- und Mittelhirn zur bewusst machenden Großhirnrinde) zu kennzeichnen. Im vorliegenden Heft wird der Begriff „Wahrnehmungsstörungen" im umfassenden Sinn als Störung der „sinnvollen Verarbeitung von Sinnesreizen" (A. Fröhlich) im ZNS verstanden und schließt demnach die integrativen Verarbeitungsprozesse mit ein.

Die Wahrnehmung ist Grundlage aller Intelligenzfunktionen und aller so genannten Teilleistungen wie beispielsweise der Fähigkeit zu sprechen, sich zu konzentrieren und zu schreiben.

Die Entwicklung von Wahrnehmungsprozessen

Mit Einsetzen der embryonalen Hirnentwicklung beginnt auch die Entwicklung der Wahrnehmungsprozesse. Zu den am frühesten aufnahmefähigen Sinnessystemen in vorgeburtlicher Zeit zählt man den Hautsinn, die Gleichgewichtssinne (Lage-, Dreh- und Bewegungssinn) sowie den Muskel- und Stellungssinn. Etwas später entwickeln sich Geruchs- und Geschmackssinn, Gehör- und Gesichtssinn (die visuelle Wahrnehmung betreffend).

Zum Zeitpunkt der Geburt sind die so genannten sieben Sinne schon recht funktionsfähig und arbeiten auf gewisse Art sogar schon zusammen. Der ganze Wahrnehmungsapparat des Neugeborenen ist vorrangig auf das Aufnehmen von sozialen Reizen ausgerichtet. Das bedeutet, dass soziale Reize wie beispielsweise Hautkontakt, Stimme und Gesicht von Bezugspersonen bevorzugt vor Reizen, die von Dingen ausgehen, aufgenommen, wahrgenommen und beantwortet werden.

Von grundlegender Bedeutung für die motorische, sensorische und geistig-seelische Entwicklung des Fötus und Neugeborenen sind die Wahrnehmungsleistungen der drei so genannten Grundsinne (Hautsinn, Gleichgewichtssinne und Muskel- und Stellungssinn), die unter dem Begriff taktil-kinästhetische Wahrnehmung zusammengefasst werden. Sie behalten ihre hohe Bedeutung für die gesamte menschliche Entwicklung bis ins Jugendalter hinein, d. h. bis die Entwicklung der primären Wahrnehmungsprozesse zum Abschluss kommt.

Neuere wissenschaftliche Ergebnisse belegen, dass weniger genetisch bedingte Reifungs- und umweltbedingte Wachstumsprozesse der Antrieb für Entwicklungsvorgänge sind, sondern weit mehr die Motorik in Form von Eigenaktivität. Eine Erkenntnis, der im normalen wie im auffälligen Entwicklungsverlauf eines Kindes besondere Beachtung geschenkt werden muss. Entscheidend für die Weiterentwicklung ab der Geburt ist eine ausreichende Anzahl von Umweltreizen, die zudem von strukturierter Qualität sein sollen, d. h. in ganz natürliche Lebenssituationen bzw. in den sozialen Kontakt eingebettet sein müssen. In diesen natürlichen Lebenssituationen vollzieht sich auch der für die weitere Entwicklung so bedeutsame Dialog zwischen Bezugsperson und Kind. In diesem Wechselwirkungsprozess agiert das Kind aktiv und reagiert, wobei Motorik und Sinneswahrnehmung grundlegende Vorbedingungen hierfür sind.

Eine störungsfreie Wahrnehmungsentwicklung ist von mehreren Faktoren abhängig, die einander in Wechselwirkung beeinflussen. Die bedeutsamsten Faktoren sind:

- Ein intaktes Zentralnervensystem (keine Reifungsverzögerungen oder Schädigungen bestimmter Hirnregionen).
- Die genetisch vorgegebenen maximalen Entwicklungsmöglichkeiten der Gehirnstruktur (keine genetischen Defekte oder Aberrationen). Die genetische Disposition bestimmt, in Abhängigkeit von den anderen Faktoren, über die Anzahl der Nervenzellen,

Nervenbahnen und deren Verknüpfungsstellen (= Synapsen). Die Gehirnstruktur stellt das Schaltnetz dar, innerhalb dessen die Sinnesreize verarbeitet werden.

- Die Qualität und Quantität der auf das Kind eintreffenden Reize. Wie oben erwähnt, kommt es besonders auf die ausreichende Anzahl so genannter „strukturierter Reize" (Rauh) an.
- Die Möglichkeit des Kindes zur Eigenaktivität. Es muss z. B. Augäpfel, Mund, Hände, Kopf gezielt bewegen können; später vor allem mit dem Mund, dann mit den Händen erkunden, betasten können; schließlich mit Gegenständen manipulieren und letztendlich auch handeln können.
- Die Qualität und Quantität sinnesspezifischer Reize im genetisch festgelegten Zeitraum (Prägungsphase) eines Entwicklungsabschnittes innerhalb einer Sinnesmodalität. Beispielsweise ist bekannt, dass die visuelle räumliche Wahrnehmung sich innerhalb der ersten drei Lebensjahre entwickelt, sofern von beiden Augen gleichermaßen Impulse an das Gehirn gesendet werden. Bei einem stark schielenden Kind wird die für das räumliche Wahrnehmen zuständige Gehirnstruktur nur mangelhaft aufgebaut. Neurowissenschaftler postulieren heute, dass jede einzelne Sinnesmodalität, oft sogar einzelne Teilaspekte innerhalb einer Sinnesmodalität (z. B. Richtungshören), ihre ei-

genen kritischen Phasen hat, innerhalb derer eine Sinnesleistung aufgebaut wird.

- Die emotionale Grundstimmung des Kindes. Gefühle wie Geborgenheit, Sicherheit, Vertrauen und Bindung sind entwicklungsfördernd; Unsicherheit, Misstrauen, Verwirrung, Angst wirken sich eher entwicklungshemmend aus.

Ursachen von Störungen in der Wahrnehmungsentwicklung

Soweit bekannt, geht man je nach Art und Ausmaß der Störungen von unterschiedlichen Ursachen, oftmals von einem komplexen Ursachenbündel aus, wobei mehrere Faktoren in gegenseitiger Wechselwirkung das Ausmaß bestimmen. In vielen Fällen lassen sich jedoch keine der unten angeführten Ursachen nachweisen, so dass man hier von noch unbekannten Faktoren oder vagen Hypothesen ausgehen muss.

- Genetische Komponenten: z. B. genetisch bedingte Stoffwechselstörungen im ZNS (beispielsweise Dopamin- und Serotoninstoffwechselstörung bei Kindern mit dem Aufmerksamkeits-Defizit-Hyperaktivitäts-Syndrom; genetisch bedingte morphologische und strukturelle Veränderungen bestimmter Hirnbereiche, z. B. bei Autismus oder auch bei ADHS oder unabhängig von bestimmten Syndromen „einfach vererbt", z. B. die phonematische Störung der Lautdiskriminationsfähigkeit oder Reifungsverzögerungen bestimmter Hirnareale).

- Weitere biologische Komponenten: Hirnschädigung, z. B. durch Hirnhautentzündung, Hirntrauma, Sauerstoffmangel vor- und nachgeburtlich; Schwangerschaftskomplikationen, Medikamenteneinflüsse oder Narkosemittel, Nikotin-, Alkohol- und Drogenabusus der schwangeren Mutter sowie Hirnschädigungen durch Komplikationen während des Geburtsvorgangs; negative Einflüsse auf die Gehirnentwicklung, z. B. durch Umweltgifte (auch Nikotin rauchender Eltern) und durch Nahrungsmittelunverträglichkeiten (nur in seltenen Fällen nachgewiesen).
- Reizarmut, insbesondere ein Mangel an „strukturierten Reizen", d. h. Reizen, die in natürlichen Lebenszusammenhängen geboten werden (anfänglich stets in sozialen Kontaktsituationen); denn nur solche werden vom Gehirn als „sinnvoll" erkannt und damit verwertet.
- Mangel an Eigenaktivität und Bewegung: Soziokulturelle Bedingungen, unter denen Kinder heute aufwachsen, haben sich grundlegend geändert. Vermehrter Fernseh- und Medienkonsum, beengte Wohnverhältnisse, wenig Spielraum drinnen wie draußen, eingeschränkte Möglichkeiten, mit Materialien und dem eigenen Körper zu experi-

mentieren (z. B. Steine und Blumen sammeln, Hütten bauen, Staudämme anlegen, auf Bäumen klettern, Höhlen bauen, Hüpfspiele, mit Seifenkisten fahren oder auch rodeln).

- Psycho-soziale Komponenten: z. B. starker Stress in frühkindlichen Entwicklungsphasen wie Verwahrlosung, viele Ängste, traumatische Erfahrungen (medizinische Eingriffe, sexueller Missbrauch, Trennungserfahrungen usw.) und andauernde schwer wiegende psychische Belastungen (z. B. durch Gewalt oder viel Streit in der Familie). Frühe und massiv einwirkende Stressoren haben neurobiologische Auswirkungen (Gehirnstruktur, Morphologie und Überträgersubstanzen betreffend); Auswirkungen, die die Gehirnentwicklung an sich und das in dieser materiellen Substanz ablaufende Verarbeitungsnetz (neuropsychologische Komponente) erheblich beeinflussen können, bis hin zu eindeutig nachweisbaren Schädigungen.

Zur Bedeutung von Wahrnehmung und Wahrnehmungsstörungen

Der Wahrnehmungsentwicklung und deren Störungen kann im gesamten menschlichen Entwicklungsprozess nicht genug Beachtung geschenkt werden: Wahrnehmung ist eine zentrale und grundlegende Funktion von Beginn des Lebens an. Sie bestimmt z. B. jegliches Lernen, d. h. Sammeln, Auswerten und Speichern von Erfahrungen. Sie ist Grundlage aller Intelligenzfunktionen und aller so genannten Teilleistungen wie beispielsweise der Fähigkeit zu sprechen, sich zu konzentrieren und zu schreiben. Und sie ist Grundlage für die seelische und soziale Entwicklung. Da Wahrnehmungsleistungen an allen motorischen, geistigen und seelischen Entwicklungsprozessen beteiligt sind, wirken sich Störungen in der Wahrnehmungsentwicklung auch auf alle Bereiche aus.

Wahrnehmungsstörungen können sich beispielsweise zeigen in:
- der Unfähigkeit zu altersangemessener Konzentration
- der Unfähigkeit, die Aufmerksamkeit auf das momentan Wesentliche zu richten
- einer Ungeschicklichkeit in der Grob- und Feinmotorik
- Auffälligkeiten des Sprechens (z. B. verwaschene Aussprache)
- verminderter Merkfähigkeit (z. B. von Reimen, Sätzen)
- Auffälligkeiten in der Spielentwicklung
- Teilleistungsschwächen (Sprachentwicklungsstörungen, Lese- und Rechtschreibschwäche, Rechenschwäche)
- einer erhöhten Stimmungslabilität und Reizbarkeit
- einer sekundär depressiven Grundstimmung
- auffälligem Sozialverhalten (Rückzug, Aggressivität, Klammerverhalten, erhöhte generelle Ängstlichkeit usw.) und vielen anderen Auffälligkeiten.

Kinder mit Entwicklungsauffälligkeiten, die vorrangig durch Störungen der Wahrnehmungsentwicklung bedingt sind, können von leicht bis stark auffallen; meist jedoch in einer Form, die uns verleitet noch abzuwarten oder die Auffälligkeit als Marotten des Kindes zu bezeichnen, von denen man fälschlicherweise annimmt, dass sie sich schon noch auswachsen werden.

Als notwendig erachten Erwachsene eine diagnostische Abklärung oft erst, wenn das Kind im Grundschulalter ist, wenn zusätzlich Lern- und Leistungsstörungen beklagt werden müssen. Viel Leid auf Seiten des Kindes wie der Eltern wäre erspart geblieben, wenn die Entwicklungsstörung schon Jahre(!) zuvor erkannt worden wäre, was oft möglich gewesen wäre.

Nun machen es uns besonders die leichter betroffenen Kinder nicht gerade einfach, die Störungen zu entdecken. Sie haben gelernt, diese geschickt zu kaschieren, mit anderen Leistungen zu kompensieren, uns mit Ausreden und „klugen" Argumenten „irrezuführen" und Situationen zu vermeiden, in denen die Auffälligkeiten bemerkt würden. Zudem sind die meisten dieser Kinder normal intelligent, liebenswürdig und zeigen oft hervorragende Leistungen in Teilgebieten wie Sprache oder Phantasie. Wer käme da auf den Gedanken, dass doch irgend etwas in der Entwicklung nicht stimmt und das Kind Unterstützung oder sogar therapeutische Hilfe benötigt?

Umso wichtiger ist es, folgende Punkte zu bedenken:

- Schätzungsweise bei jedem sechsten bis achten Kind treten Störungen in den Hirnfunktionen auf.
- Neuere Untersuchungen an großen Klinik- und Diagnostikzentren der Bundesrepublik verweisen auf einen dramatischen Anstieg der Anzahl von Kindern (ca. 15%), die von Störungen in der Wahrnehmungsentwicklung betroffen sind. In diese Studien mit einbezogen sind auch Kinder mit Sinnesschädigungen, wie Gehörschädigungen durch Lärmbelastungen und/oder Knalltraumen. Der Anstieg ist vermutlich durch veränderte sozio-kulturelle Lebensbedingungen, beispielsweise vermehrter Medienkonsum, zu wenig Bewegungsmöglichkeiten, Benutzen vom Walkman auf voller Lautstärke, bedingt.
- Spätestens im Kindergartenalter sind Entwicklungsauffälligkeiten, die Folge einer Hirnfunktionsstörung sind, erkennbar, wenn auch manchmal nur unter genauer Beobachtung. Sie zeigen sich beispielsweise im Spielverhalten, in Bewegungsabläufen, in der Sprache, im Kontaktverhalten, in der anhaltenden emotionalen Befindlichkeit, in den gestalterischen Werken und vielem anderen mehr.
- Jedes dieser Kinder benötigt besonderes Verständnis, verstärkte emotionale Unterstützung, spezielle Hilfestellungen und Ermunterungen. Viele der Kinder brauchen gezielte therapeutische

Maßnahmen wie zum Beispiel heilpädagogische Behandlung, Ergotherapie, Sensorische Integrationstherapie, Mototherapie, Psychomotorik, logopädische oder Sprachheilbehandlung, Verhaltenstherapie oder Spieltherapie oder therapeutisches Reiten.

Es sei aber ausdrücklich darauf verwiesen, dass in leichteren Fällen von Entwicklungsauffälligkeiten auch andere Hilfen ausreichen (oder die speziellen therapeutischen Maßnahmen zusätzlich unterstützen). Bei einem Kind, dessen Grobmotorik etwas plump und ungelenk wirkt, das leicht in erhöhte Muskelspannung gerät und sehr selbstunsicher ist, könnten gezielte sportliche Angebote wie z. B. Reiten, Schwimmen, Judo sowohl sein Selbstwertgefühl stärken als auch die Körperkoordination und den Bewegungsfluss verbessern. Liegt die Ursache einer Auffälligkeit mehr in der visuo-motorischen und/oder auditiv-motorischen Koordination, empfiehlt sich beispielsweise Rhythmik. Auch sind in diesem Fall Freizeitaktivitäten in „Wald und Flur", auf dem Abenteuerspielplatz oder an einem Bachlauf hervorragend geeignet, die Welt mit allen Sinnen gleichzeitig zu erfahren.

Generell gilt, dass ein möglichst vielfältiges und interessantes Umfeld mit hohem Aufforderungscharakter zur Eigenaktivität und Gestaltung (z. B. Waldhütte bauen, Staudamm anlegen oder auch eine „Hexensuppe" kochen mit Naturmaterialien) die besten und natürlichsten Entwicklungsanregungen für jedes Kind bereit hält.

■ Das neuropsychologische Modell der primären Wahrnehmungsprozesse

Felicié Affolter hat die Ergebnisse ihrer jahrelangen Forschungen zur kindlichen Entwicklung in ein Stufenmodell zur Wahrnehmungsentwicklung eingeordnet (s. Schaubild S.13). Die so genannten primären Wahrnehmungsprozesse umfassen in ihrer intensivsten Entwicklungsphase einen Zeitraum von etwa 18 Lebensmonaten. Sie entwickeln sich weiter, zum Teil bis ins Jugendalter hinein. Die einzelnen Stufen entwickeln sich zunächst hierarchisch von unten nach oben, beeinflussen sich aber auch rückwirkend von oben nach unten.

Die modale Stufe

Affolter geht davon aus, dass die Entwicklung der Wahrnehmung ab der Geburt bis ca. zum dritten oder vierten Lebensmonat zunächst hauptsächlich innerhalb der einzelnen Sinnesmodalitäten, d. h. Sinnesbereiche, voranschreitet. Mit zunehmenden Reifungs- und Wachstumsprozessen der Sinnesorgane selbst wie auch des Gehirns verbessern sich die Wahrnehmungsleistungen der einzelnen Sinnesmodalitäten. Zum Beispiel kann das Neugeborene nur in einem Abstand von ca. 20-25 cm scharf sehen; sich bewegende Gesichter kann es nur sehr kurz verfolgen oder es hat noch Mühe, den Blickkontakt zu einem Partner herzustellen. Von Monat zu Monat verbessern sich all diese Fähigkeiten in rasantem Tempo.

Störungen auf der modalen Stufe wirken sich auf die nächsten Entwicklungsstufen aus. Ganz besonders beeinflussen modale Störungen der drei Grundsinne, das sind Hautsinn, Gleichgewichtssinn und Muskel- und Stellungssinn (= taktil-kinästhetische Wahrnehmung), die Verknüpfung der Sinne untereinander auf der intermodalen Stufe.

Beispiele für modale Störungen: Liegt von Geburt an eine Fehlverarbeitung der Gleichgewichtsimpulse vor, kann es sich in einer übermäßig starken Schreckhaftigkeit und erhöhten Ängstlichkeit gegenüber Lageveränderungen zeigen. Dies sogar noch im Grundschulalter. Ist der Muskelsinn nicht altersgerecht entwickelt, kann sich dies entweder in einer zu schlaffen oder zu starken Muskelspannung (Tonus) sowohl im Ruhezustand als auch bei motorischen Aktivitäten äußern.

Die intermodale Stufe

Auf der intermodalen Stufe vollzieht sich die Verknüpfung der einzelnen Sinnesmodalitäten untereinander, so dass eine koordinierte Zusammenarbeit der Sinne möglich wird. Neurologisch betrachtet verbinden sich die Nervenbahnen im ZNS (Neuriten und Dendriten), die für den Empfang einer bestimmten Sinnesmodalität zuständig sind, mit den Nervenbahnen aller anderen Sinnesmodalitäten. Die Kontaktstellen bilden die so genannten Synapsen. Es entsteht ein vielverzweigtes Netzwerk, das die Verbindungen aller Sinnesmodalitäten miteinander gewährleistet. Die Entwicklung dieses Netzwerkes ist

ganz wesentlich abhängig von der ausreichenden Anzahl strukturierter Reize und der Eigenaktivität des Säuglings. Denn auch die Kontaktstellen (Synapsen) bilden sich nicht nach Zufall, sondern in Abhängigkeit von den „natürlichen" Erfahrungsmöglichkeiten, die ja immer „einen Sinn" ergeben. Nur sinnvolles Material wird verwertet, regt die Gehirnentwicklung an und lässt sozusagen sinnvolle Verarbeitungswege entstehen.

Beispiele für intermodale Leistungen: Das drei Monate alte Baby dreht das Köpfchen zu einer Geräuschquelle. Es hört und bewegt den Kopf als Reaktion darauf, es sieht. Hören und Sehen verknüpfen sich zur auditiv-visuellen Wahrnehmung. Wie an diesem Beispiel deutlich wird, geschieht dies nur über die Motorik bzw. eine taktil-kinästhetische Übertragungsleistung des verarbeiteten auditiven Reizes. Die Motorik wirkt sozusagen als Bindeglied und Motor aller weiterer Entwicklungen.

Störungen auf intermodaler Stufe zeigen sich vor allem in Auffälligkeiten in den Verknüpfungen zwischen der Motorik bzw. taktil-kinästhetischen Wahrnehmung und der visuellen wie auditiven Wahrnehmung. Beispiele für visuo-motorische und auditiv-motorische Koordinationsstörungen: Das Kind schaut selten auf die Hand, mit der es gerade eine Schablone ausmalt. Die Zielgenauigkeit der Hand, die über die visuellen Eindrücke gesteuert wird, ist daher nicht korrekt. Das Kind klatscht während eines Liedes, das es hört, in die Hände. Es kann jedoch den Rhythmus nicht einhalten.

Die seriale Stufe

Auf der serialen Stufe verbinden sich die Informationen sozusagen „geistig" zu einer Kette oder Serie. Das Kind ist erstmalig unabhängig von konkret wahrnehmbaren Reizen. Es „denkt" sich etwas auf Grund zuvor gemachter und gespeicherter Erfahrungen und/oder es handelt in geordneten Abläufen (Sequenzen). Es entwickeln sich erste Handlungsketten, Einordnungen in zeitliche Abläufe, vorausschauendes Denken und planvolles Vorgehen.

Beispiel für eine seriale Leistung ist, sich etwas vorstellen zu können: Dem einjährigen Kind fällt ein Spielzeug vom Tisch auf den Boden. Es schaut sich danach um. Das bedeutet, es weiß, dass das Spielzeug existent ist, auch ohne dass es dieses mit seinen Sinnen wahrnehmen muss.

Störungen in der serialen Entwicklung äußern sich häufig in folgenden Auffälligkeiten:
- Einmal gelernte Handlungsketten werden rigide oder starr gehandhabt, d. h. sie sind nicht der jeweiligen Situation angepasst. Selbst kleine Veränderungen im Ablauf oder der Art der Ausführung erzeugen Unwillen, Angst oder Aggression. Beispiel: Die Kindergartentasche muss immer am selben Haken im Flur hängen. Sie kann nicht ausnahmsweise mal im Gruppenraum deponiert werden, weil Handwerker im Flur arbeiten. Das Kind weint heftig und möchte die Tasche immer wieder an den Haken hängen.
- Die Reihenfolge einer Handlungskette gerät durcheinander.

- Die Handlungskette ist unvollständig, d. h. das Kind beendet einen Handlungsablauf vorzeitig, weil es nicht weiter weiß oder nicht soweit vorausgeplant hat. Es mangelt ihm an Überblick und nicht an Willen.
- Zeitliches Sprachverständis ist mangelhaft. Kind versteht z. B. nicht, was „bald" oder „nachher" bedeuten, reagiert sehr ungeduldig oder aggressiv.
- Auditive Gedächtnisspannen sind zu kurz. (Auditive Informationen werden sequentiell geboten und geordnet und als solche auch gespeichert.)
- Die Sprachentwicklung kann auffällig sein, besonders im Satzbau (Grammatik), in der Satzlänge, dem Wortverständnis und dem Verständnis von Satzbedeutungen (Semantik).
- Das Einhalten von Regeln und das Abwartenmüssen fallen besonders schwer oder sind nur unter ständiger Anleitung eines Erwachsenen möglich.

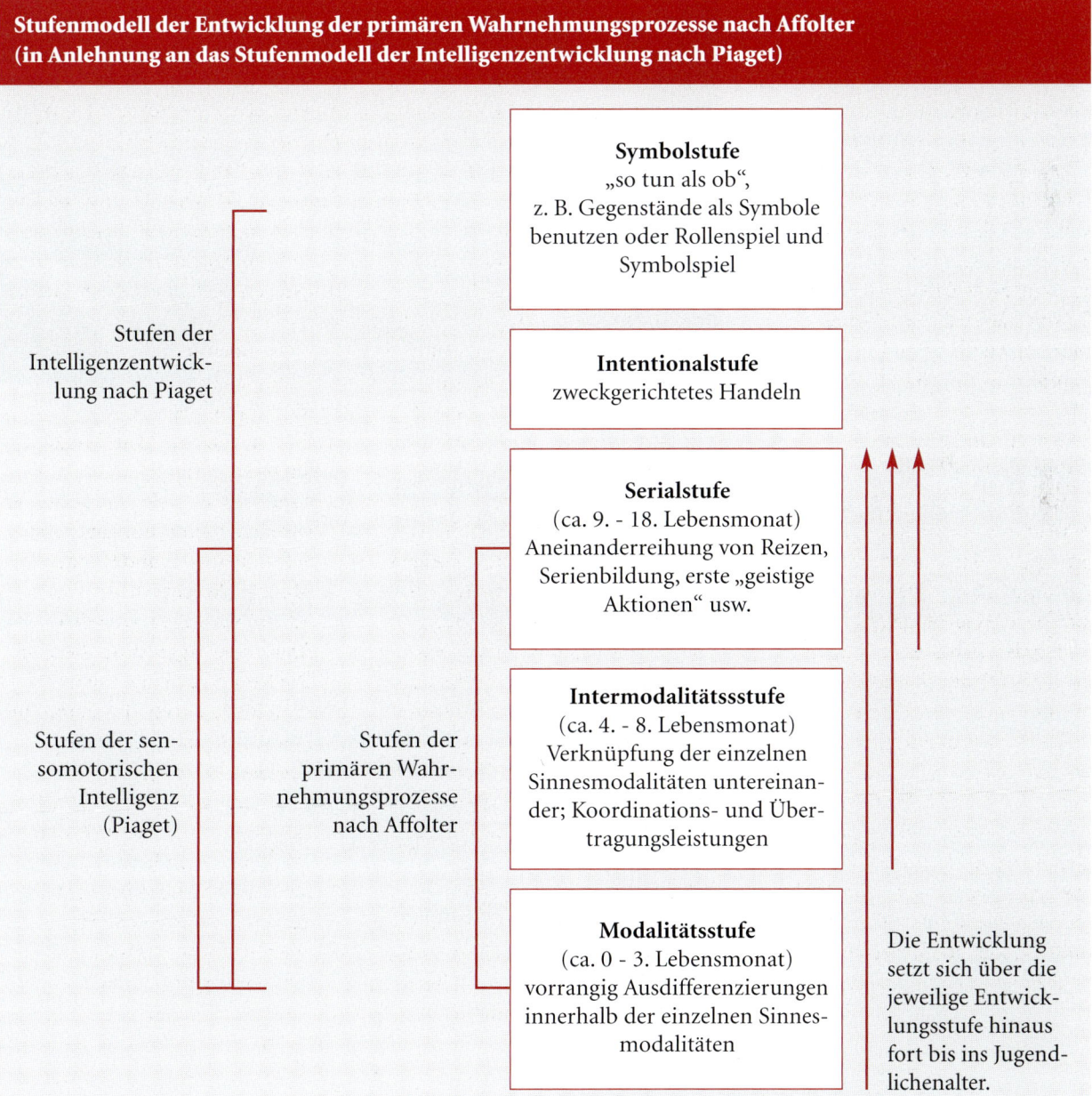

Stufenmodell der Entwicklung der primären Wahrnehmungsprozesse nach Affolter (in Anlehnung an das Stufenmodell der Intelligenzentwicklung nach Piaget)

Stufen der Intelligenzentwicklung nach Piaget

Stufen der sensomotorischen Intelligenz (Piaget)

Stufen der primären Wahrnehmungsprozesse nach Affolter

Symbolstufe
„so tun als ob",
z. B. Gegenstände als Symbole benutzen oder Rollenspiel und Symbolspiel

Intentionalstufe
zweckgerichtetes Handeln

Serialstufe
(ca. 9. - 18. Lebensmonat)
Aneinanderreihung von Reizen, Serienbildung, erste „geistige Aktionen" usw.

Intermodalitätsstufe
(ca. 4. - 8. Lebensmonat)
Verknüpfung der einzelnen Sinnesmodalitäten untereinander; Koordinations- und Übertragungsleistungen

Modalitätsstufe
(ca. 0 - 3. Lebensmonat)
vorrangig Ausdifferenzierungen innerhalb der einzelnen Sinnesmodalitäten

Die Entwicklung setzt sich über die jeweilige Entwicklungsstufe hinaus fort bis ins Jugendlichenalter.

III. Zum Einsatz der Beobachtungsbögen

Beobachtungen sind nur dann aufschlussreich, wenn die/der Beobachtende sie sinnvoll anzuwenden weiß. Dafür ist es besonders wichtig, zu wissen, was man beobachten kann, und das Beobachtete von dessen Interpretation streng zu unterscheiden.

■ Theoretischer Hintergrund der Beobachtungsbögen

Die Beobachtungsbögen basieren auf zwei wissenschaftlichen Theorien bzw. Modellen, die menschliche Entwicklungsverläufe und geistig-seelische Prozesse beschreiben: das entwicklungspsychobiologische Modell (vgl. hierzu Kusch und Kusch/Petermann) und neuropsychologische Theorien, die auf Luria und Vygotzy zurückgehen.

Das Konzept der Entwicklungspsychobiologie

Die noch sehr junge Fachdisziplin der Entwicklungspsychobiologie ist bemüht, die einzelnen Forschungsergebnisse verschiedener Wissenschaftszweige (Genetik, Neurologie, Neuropsychologie, Entwicklungspsychologie, Klinische Psychologie u. a. m.) in integrativer Weise zu einem ganzheitlichen Entwicklungsmodell zusammenzufassen. Ihr liegt ein systemorientiertes, integratives Modell über Wechselwirkungen zwischen kindlicher Entwicklung und Eltern-Kind-Interaktionen als dynamischem Prozess zu Grunde.

Die Entwicklungspsychobiologie analysiert den Zusammenhang zwischen Genetik, Reifung und Erfahrungen. Innerhalb dieses großen Prozesses untersucht die Entwicklungspsychobiologie die Wechselwirkungen zwischen motorischen, sensorischen, emotionalen, kognitiven und kommunikativen Funktionsbereichen. Ein Beispiel soll den Zusammenhang verschiedener Funktionsbereiche verdeutlichen:

Der vier Monate alte Kaspar wird von der Mutter als „Schreikind" beschrieben. Von Geburt an habe er schon viel und stundenlang geschrien. Alle Bemühungen, ihn zu beruhigen, hätten nichts oder wenig genutzt. Kaspar falle auch erst nach stundenlangem Schreien erschöpft in den Schlaf. Er wirke unruhig, gespannt und lächele selten. Beobachtungen des Kindes und der Interaktionen zwischen Mutter und Kind ergaben folgende Hypothesen:

Kaspar kann vermutlich die aus den Gleichgewichts- und Hautsinnen im ZNS eintreffenden Reize nicht sinnvoll verarbeiten. Infolge der fehlverarbeiteten Reize reagiert er oft mit Angst (emotionale Reaktion) und Schreien (Verhaltensreaktion), insbesondere dann, wenn er von den Bezugspersonen hochgenommen wird, wenn also diese Sinne direkt stimuliert werden. Aber auch unabhängig davon weint er oft, da er einen Mangel an positiv erfahrbarem Körperkontakt erleidet und sich daher wenig emotional gesichert und geborgen fühlen kann. Die Befriedigung des angeborenen Wunsches nach sozialem Kontakt wird durch die Wahrnehmungsstörungen blockiert, obgleich die Bezugspersonen in den besten Absichten und mit anhaltenden, liebevollen Bemühungen dies ständig versuchen.

Dadurch, dass Kaspar im Körperkontakt mit Bezugspersonen in einen übererregten und angstvollen Zustand gerät, ist er kaum bereit, Blickkontakt aufzunehmen oder gar zu halten. Dadurch fehlen den Bezugspersonen notwendige positive Verstärkungen für ihre liebevollen Zuwendungen. Unter Umständen sind diese dadurch so frustriert, dass sie ihre Bemühungen einschränken, das Kind nur noch selten auf den Arm nehmen oder eben lange alleine schreien lassen. Das Kind erfährt daraufhin einen Mangel an „strukturierten Reizen", was sowohl die gesamte Wahrnehmungsentwicklung als auch andere Entwicklungsbereiche negativ beeinflusst. Ganz besonders werden die kommunikativen (z. B. Lächeln) und später die sprachlichen Ausdrucksformen dadurch beeinträchtigt.

Andere Reaktionen der Bezugspersonen auf das häufige Schreien und den mangelnden Blickkontakt des Kindes könnten in einer großen Verunsicherung hinsichtlich der Erfolgslosigkeit ihrer Bemühungen bestehen. Sie geraten in seelische und körperliche Anspannung, reagieren vielleicht übermäßig wachsam auf „jeden Piep" des Kindes, fühlen sich bald gereizt und erschöpft, geraten ihrerseits ebenfalls aus dem psychischen Gleichgewicht und entwickeln zwiespältige oder ablehnende Gefühle dem Kind gegenüber. Die sich anbahnende Beziehungsstörung wäre in diesem Fall eine sekundäre Folge des gegenseitigen Wechselwirkungsprozesses. Eine Schuldzuweisung an die Eltern würde dem Sachverhalt keineswegs gerecht werden.

Das Kind seinerseits reagiert auf die Probleme der Eltern in Beziehung zu ihm mit verstärkter emotionaler Unsicherheit, Anspannung und vermehrtem Schreien. Die eingangs beschriebenen Auffälligkeiten Kaspars nehmen zu. Damit einhergehend kommt es unter Umständen zu einem eingeschränkten

> **Die Befriedigung des angeborenen Wunsches nach sozialem Kontakt wird durch die Wahrnehmungsstörungen trotz aller Bemühungen der Bezugspersonen blockiert.**

Interesse an der dinglichen und sozialen Umwelt, d. h. Neugierde und lustvolles Betätigen sind reduziert. Als Folge davon wiederum wird sich die Wahrnehmungsentwicklung selbst und auf Grund dessen die senso-motorische Phase der Intelligenzentwicklung (Piaget) nicht altersgerecht vollziehen können. Davon in Mitleidenschaft gezogen werden auch die Spiel- und Sozialentwicklung.

Neuropsychologische Theorien
Neuropsychologische Theorien beschreiben die Funktionsweise des Zentralnervensystems (ZNS), besonders des Gehirns; sie stellen einen Aspekt innerhalb des übergeordneten psychobiologischen Modells dar. Ein Grundgedanke in der Neuropsychologie ist der, dass der Ablauf psychischer Funktionen an hirnorganische Prozesse gebunden ist. Diese sind nicht direkt, sondern nur indirekt über beobachtbares Verhalten zu erschließen. Es ist bekannt, dass bei jeder Art von Aktivität des Organismus, ganz gleich, ob motorische oder geistige, verschiedene Hirnzentren auf verschiedenen Ebenen und in beiden Hirnhälften gleichzeitig miteinander in geordneter Weise kooperieren. So entsteht ein sinnvolles Ganzes, z. B. Wahrnehmung oder Sprache. Man spricht hierbei von dem integrativen Zusammenwirken verschiedener Hirnbereiche, die sich auf bestimmte Verarbeitungsprinzipien der eintreffenden Sinnesreize spezialisiert haben.

> **Beobachtungen sind jeweils nur das, was die BeobachterInnen selbst mit ihren Sinnen wahrnehmen können, also in der Hauptsache Sehen, Hören, Spüren.**

Integrationsstörungen treten auf, wenn ein Hirnbereich oder auch mehrere Hirnzentren einen mangelhaften oder gar keinen Beitrag zur Gesamtleistung bieten. Das „Ganze" oder auch die Teilleistung ist auffällig oder zerfällt. Das bedeutet, wenn Störungen in einem bestimmten Wahrnehmungsbereich (z. B. dem visuellen) vorhanden sind, kann sich dies auf den gesamten Wahrnehmungsbereich auswirken und wiederum auf andere Bereiche übergreifen. Ein Beispiel soll dies verdeutlichen:

Die 5-jährige Karin zeigt Auffälligkeiten in der visuellen räumlichen Wahrnehmungsfähigkeit und der visuellen Figur-Grund-Unterscheidung. Es handelt sich um zwei Teilaspekte innerhalb der visuellen Wahrnehmung, die wiederum große Bedeutung für die funktionalen Systeme „Lesen" und „Schreiben" oder auch „visuelle Aufmerksamkeit und Konzentration" haben. Es ist daher zu erwarten, dass Karin in der Grundschule größere Schwierigkeiten beim Erwerb des Lesens und Schreibens wie auch in der Konzentrationsfähigkeit haben wird.

▬ Handhabung der Beobachtungsbögen

Bei der Benutzung der Beobachtungsbögen müssen verschiedene Punkte beachtet werden, damit nicht falsche Schlüsse aus den Beobachtungen gezogen werden.

Allgemeine Hinweise
1) Die Beobachtungsbögen stellen eine Auswahl von verschiedenen Verhaltensweisen bzw. Tätigkeiten von Kindern im Alter von ca. 5-6 Jahren in unterschiedlichen Situationen dar, denen in typischer Weise Wahrnehmungsleistungen zu Grunde liegen.
2) Wahrnehmungsleistungen, als Ergebnis eines integrativen Verarbeitungsprozesses von Informationen im ZNS, können nur indirekt über Beobachtungen des kindlichen Verhaltens erschlossen werden. Das bedeutet, von den Beobachtungen können keine direkten Rückschlüsse auf eventuelle Wahrnehmungsstörungen gezogen werden.
3) Es ist wichtig, dass die BeobachterInnen auch „richtig" beobachten können. Zum einen müssen Interpretationen von Beobachtungen unterschieden werden. Beobachtungen sind jeweils nur das, was die BeobachterInnen selbst mit ihren Sinnen wahrnehmen können, also in der Hauptsache Sehen, Hören und Spüren. Im Gegensatz dazu handelt es sich bei allem, was sie dazu denken, um Interpretationen, Hypothesen oder Meinungen. Zum anderen müssen sie wissen, was man beobachten kann. Um dies zu erleichtern, wurden die Beobachtungen in den Beobachtungsbögen (Spalte 1) verschiedenen Entwicklungsbereichen wie Motorik, Körperbewusstsein, Sprache usw. zugeordnet. BeobachterInnen haben das äußerst schwierige Problem, mindestens vier Aufgaben gleichzeitig erfüllen zu müssen:
— Sie müssen die unzähligen Verhaltensweisen eines Kindes den verschiedenen Entwicklungsbereichen zuordnen können, um heillose Überforderungen zu vermeiden.

— Sie sollten eine ausreichende Kenntnis über die normalen Entwicklungsverläufe innerhalb der einzelnen Bereiche besitzen.

— Sie sollten wissen, welche grundlegenden Wahrnehmungsleistungen für die jeweilige Tätigkeit des Kindes erforderlich sind.

— Sie sollten wissen, wie es sich äußert, wenn Wahrnehmungsstörungen vorliegen. Wie ein Kind etwas ausführt, ist meist aussagekräftiger als das, was es tut. Wir beobachten also besonders, wie ein Kind greift, den Stift hält, sitzt, läuft, spricht, den Ball fängt, Kontakt aufnimmt usw.

4) Es sei daran erinnert, dass Wahrnehmungsstörungen zwar einen ganz wesentlichen Teilaspekt am Zustandekommen einer Entwicklungsauffälligkeit darstellen, dass jedoch auch andere Bedingungen in unterschiedlicher Gewichtung zum Gesamtbild der Auffälligkeit beitragen.

5) Die in den Beobachtungsbögen aufgeführten Interpretationen sind vorläufige Hypothesen. Diese bedürfen meistens einer weiteren gründlichen Abklärung, die von Fachleuten vorgenommen werden und notwendigerweise interdisziplinär erfolgen sollte.

6) Die vorläufigen Interpretationen zu Wahrnehmungsstörungen beanspruchen keinesfalls Ausschließlichkeit noch Vollständigkeit im diagnostischen Prozess, wohl aber ihren gebührenden Platz in der Betrachtung auffälliger Entwicklungsverläufe.

7) Wie jedes psychodiagnostische Instrument, ganz gleich ob Beobachtungs-, Fragebögen oder Tests, bergen auch die vorliegenden Beobachtungsbögen die Gefahr einer vorschnellen und eingeschränkten Aussage über Entwicklungsstand und Ursachen von Auffälligkeiten. Eine vorsichtige Handhabung im Sinne eines grob orientierenden Instrumentes wird angeraten, im Wissen darum, dass erst nachfolgend differenzierte diagnostische Abklärungen Aussagen erlauben.

Spezielle Hinweise

1) Bewerten Sie keine einzelnen Auffälligkeiten als Alarmsignal. Versuchen Sie, immer nur mehrere Auffälligkeiten in einem oder verschiedenen Entwicklungsbereichen gleichzeitig und in der Auswirkung auf die Gesamtentwicklung des Kindes zu betrachten.

2) Bedenken Sie, dass innerhalb der kindlichen Entwicklung eine große intra- wie interindividuelle Streubreite bestimmter Entwicklungsmerkmale besteht. Erfahrungsgemäß erreichen Mädchen oft schneller als Jungen bestimmte „Meilensteine" der Entwicklung. Oder die Spielentwicklung eines Kindes eilt seiner Sprachentwicklung im Vergleich zu Gleichaltrigen voraus. Derartige Differenzen verweisen lediglich auf ein im Normbereich liegendes individuelles Entwicklungstempo und -muster.

3) Eine Beobachtung besitzt erst dann Aussagekraft, wenn mehrere Auffälligkeiten im gleichen Bereich (z. B. Motorik) oder in mehreren Bereichen (z. B. Motorik und Sprachentwicklung) vorhanden sind und/oder die Art und Weise der Ausführung auffällig ist. Ein Beispiel soll dies verdeutlichen: Ein Kind kann durchaus den „Pinzettengriff" als höchste Stufe des Entwicklungsablaufs der Handmotorik zeigen. Geschieht jedoch die Ausführung in starker muskulärer Verkrampfung, bedeutet das, dass zwar der „Meilenstein" Pinzettengriff erreicht ist, die Qualität der Ausführung aber auf Störungen in der Kraftdosierung hinweist. Der übermäßige Krafteinsatz wird erwartungsgemäß auch bei anderen fein- und evtl. auch grobmotorischen Aktivitäten zu beobachten sein.

Anregungen zum Umgang mit den Ergebnissen

Die folgenden Anregungen zum Umgang mit dem „Verdacht auf eine Entwicklungsauffälligkeit oder Wahrnehmungsstörung" gelten für den Idealfall. In der Praxis werden sich selten alle Punkte verwirklichen lassen. Die Anregungen konzentrieren sich auf folgende Ziel-Personen oder -Gruppen: die Eltern, die ErzieherInnen bzw. das Team im Kindergarten, die Kindergruppe im Kindergarten und das entwicklungsauffällige Kind selbst.

Eltern

— Teilen Sie die beobachteten Auffälligkeiten mit möglichst wenigen Interpretationen den Eltern mit. Verweisen Sie, statt bereits diagnostizierend von „Wahrnehmungsstörungen" oder „Entwicklungsauffälligkeiten" zu sprechen, auf Beobachtungen des Verhaltens, die in irgendeiner Weise auffällig sind oder von Spezialisten genauer abgeklärt werden sollten. In diesem Zusammenhang haben sich Beobachtungen zusammen mit den Eltern, die möglichst videogestützt sind, als sehr hilfreich erwiesen. So kann der Blick der Eltern geschärft und deren Bewertung angeregt werden.

- Sprechen Sie mit ihnen in Ruhe darüber.
- Nehmen Sie ergänzende oder im Widerspruch stehende Beobachtungen der Eltern aufmerksam wahr. Nehmen Sie die Sorgen, Fragen oder auch Entgegnungen der Eltern ernst.
- Bemühen Sie sich, die Betroffenheit, Ängste, evtl. Schuldgefühle usw. der Eltern aufzufangen (von einzelnen Ausnahmen abgesehen, sind Eltern meist die besten Experten!), indem Sie beispielsweise „aktiv zuhören", d. h. das von den Eltern geschilderte Problem präzisiert nochmals wiedergeben und das damit verbundene Gefühl aussprechen.
- Vermeiden Sie Bagatellisierungen des Problems; ermuntern Sie dagegen die Eltern, sich von Fachleuten Gewissheit, Informationen und Hilfe einzuholen.
- Raten Sie zu einer speziellen diagnostischen Abklärung der beobachteten Auffälligkeiten. Erster Ansprechpartner ist meist der Kinderarzt oder Kinderneurologe, der wiederum in Zusammenarbeit mit Klinischen Psychologen oder Neuropsychologen um eine Gesamtdiagnostik bemüht ist. Weitere Spezialisten wie z. B. LogopädInnen, KrankengymnastInnen, HeilpädagogInnen können am diagnosti-

schen Prozess beteiligt sein. Selbstverständlich stehen auch Erziehungsberatungsstellen und in freier Praxis niedergelassene Diplom-PsychologInnen zur Abklärung der Entwicklungsauffälligkeit zur Verfügung. Die jeweiligen ersten Anlaufstellen verweisen, je nach Notwendigkeit, auf weitere hoch spezialisierte Einrichtungen wie etwa Fachkliniken (z. B. HNO-Klinik) und auf Diagnostikzentren (z. B. Sozialpädiatrische Zentren an Kinderkliniken).

- Unterstützen Sie die Eltern mit Rat und Tat in deren Bemühungen um fachliche Abklärung und Hilfe. Gegebenenfalls können auf Wunsch der Eltern die wesentlichen Beobachtungen in schriftlicher Form mitgegeben oder auch telefonisch den Spezialisten mitgeteilt werden. (Selbstverständlich nur nach ausdrücklicher Genehmigung der Eltern!)
- Bemühen Sie sich nach erfolgter Diagnostik um die Ergebnisse der Abklärung und die angeratenen Maßnahmen. Soweit dies nicht schon von den Eltern selbst erfolgt, fragen Sie ruhig danach. Sie bekunden damit in erster Linie Ihr Interesse am Kind. Auch können Sie mit dem besseren „Hintergrundwissen" in zukünftigen Elterngesprächen rascher erkennen, worum es eigentlich geht, und gezielter beraten.

Abgesehen von der Elternarbeit können Sie mit Kenntnis der gewonnenen Befunde Ihre eigenen Vermutungen überprüfen und gezielter geeignete pädagogische Maßnahmen einsetzen.

ErzieherInnen bzw. Mitarbeiterteam

Besprechen Sie die Beobachtungen und Interpretationen mit Ihren KollegInnen. Hauptsächliche Zielsetzungen dabei könnten sein:

- Das Kind in seinen Schwierigkeiten und Eigenheiten besser verstehen lernen, somit ungerechte Beurteilungen, Über- oder Unterforderungen im pädagogischen Alltag vermeiden. Damit einhergehend vollzieht sich oft eine Einstellungsänderung dem Kind gegenüber in positiver, akzeptierender Richtung.
- Die Entwicklungsauffälligkeiten in ihrer Bedeutung für das Wohlbefinden, das Selbstwertgefühl, die emotionale Befindlichkeit, die Leistungsfähigkeit u. a. m. des Kindes reflektieren. So sollen die Auswirkungen der Auffälligkeiten für das Kind in seiner Gesamtentwicklung erfasst werden.
- Möglichst konkrete Hilfestellungen für das Kind erarbeiten, um Überforderungen, Misserfolge und als Konsequenz davon sekundäre Folgen (z. B. aggressive Stimmung, Lustlosigkeit, Verweigerungen) einzuschränken.
- Auch gemeinsam erarbeiten, wie das Kind in seinen „Schwächen", Eigenheiten, kompensatorischen Verhaltensweisen, Grenzen usw. unterstützt werden kann, so dass es sich und seine „Andersartigkeit" akzeptieren kann. Dies kann über „aktives Zuhören" bei Misserfolgen und den Aufbau alternativer Bewältigungsstrategien geschehen, aber auch über die Bestärkung eigener Lösungsversuche und geduldiges Abwar-

ten bis das Kind (teils über mehrere Versuche hinweg) seinen eigenen Weg gefunden hat.

- Da entwicklungsauffällige Kinder oftmals besondere Aufmerksamkeit, Geduld und Fachkompetenz erfordern, ist es ratsam, sich auch Fragen folgender Art zu stellen und Lösungen dafür zu finden: Wer (aus dem Team) kommt mit dem Kind gut zurecht, kann einen guten Draht zu ihm finden? Wer hat Interesse und Freude daran, sich in besonderer Weise um die Entwicklung des Kindes zu kümmern? Wie können die Teammitglieder sich gegenseitig Unterstützung und Entlastung bieten, wenn es mal mühsam oder „nervig" werden sollte?

- Überlegen Sie ganz bewusst, welche Stärken das Kind hat und in welchen Bereichen es normal entwickelt ist, was es liebenswert macht, und wie Sie insbesondere seine Kompetenzen stärken können. Damit soll ein wesentlicher Beitrag zur gegenwärtig anerkannten Forderung geleistet werden: „Weg von der rein defizit-orientierten (die Schwächen betreffenden) hin zur ressourcen-orientierten (die positiven Quellen, Stärken betreffenden) Diagnostik und Förderung oder Therapie." Auch mit den Stärken lässt sich arbeiten.

Kindergruppe

- Achten Sie besonders auf die soziale Integration der entwicklungsauffälligen Kinder in die Gruppe. Sie bieten mit ihren Eigenheiten und „Schwächen" oft den anderen Kindern Anlass, sie auszulachen, zu beschimpfen, zu kritisieren, zu bevormunden oder zu schikanieren, sie vom

Spiel auszuschließen oder auch einfach zu „vergessen" u. a. m. Ihre Beobachtungen können Ihnen helfen, rechtzeitig einzuschreiten und ausgleichend einzuwirken oder solches Verhalten schon im Vorfeld zu verhindern. Weitere ausgleichende pädagogische Maßnahmen könnten sein, die Stärken, Interessen und auch akzeptablen Kompensationen des Kindes offenkundig zu bestärken oder auch als ganz besondere Fähigkeit darzustellen, die eventuell sogar für die Gruppe nutzbar ist.

- Das entwicklungsauffällige Kind soll gerade in seinen unauffälligen und starken Anteilen für die anderen Kinder wahrnehmbar sein.

Entwicklungsauffälliges Kind
Neben den bisherigen Anregungen, die alle direkt oder indirekt zur Entwicklungsförderung beitragen, möchte ich hier ganz besonders grundlegende pädagogische Ziele – im Gegensatz zu speziellen Förder- und Therapiemaßnahmen – anführen. Wichtigste Ziele im Umgang mit dem entwicklungsauffälligen Kind sind:

- seine Lebensfreude erhalten oder wiedergewinnen lassen
- den Spaß am Erkunden seiner Umwelt und seines Körpers erhalten oder ermöglichen
- Freude an Spiel, Bewegung und Betätigung, auch „Korrekturen" oder „bewusstes Lernen" geschehen lassen
- Über- und Unterforderungen wie auch Bestrafungen möglichst vermeiden
- die kindliche Neugierde wecken oder bestärken, möglichst vielfältige Anleitung und viele Gele-

genheiten zum Entdecken und Erkunden der Welt bieten, dabei immer wieder durch gezielte Hinweise die Aufmerksamkeit auf bestimmte Aspekte lenken

- den Mut zur Bewältigung von Anforderungen und das Vertrauen in sich selbst und andere Menschen bestätigen oder von Neuem wachsen lassen
- die Selbstakzeptanz, das Gefühl von Wertsein und Geliebtsein „so wie es ist" bestärken oder aufbauen.

Die Verwirklichung der grundlegenden pädagogischen Ziele bietet erst die absolut notwendige, positive emotionale und motivationale Basis für jeglichen echten (im Gegensatz zum antrainierten und nicht übertragbaren) Entwicklungsfortschritt. Sie sind mindestens ebenso bedeutsam wie die speziellen Förder- oder Therapiemaßnahmen, die aus der Diagnostik abgeleitet und sinnvollerweise vor diesem Hintergrund zusätzlich durchgeführt werden.

Selbstverständlich können und sollen ErzieherInnen im Kindergarten spezielle Förder- und Therapiemaßnahmen nicht übernehmen. Dies muss den dafür ausgebildeten Fachkräften (z. B. Ergotherapeut, Logopäde, Heilpädagoge, Psychologe) überlassen bleiben. Die ErzieherInnen kümmern sich mehr – in notwendiger Ergänzung der Spezialisten – um die oben erwähnten pädagogischen Ziele und eine gezielte fachkompetente Unterstützung des Entwicklungsprozesses (vgl. hierzu auch Kapitel „Aktivitäten zur Förderung der Wahrnehmung").

1. Taktil-kinästhetische Wahrnehmung und Motorik

Nur selten können wir davon ausgehen, dass sich nicht entwicklungsgemäße Unsicherheiten in den Bewegungsabläufen eines Kindes „auswachsen". Deshalb lohnt es sich, Auffälligkeiten in der Motorik genau zu beobachten, um mit geeigneten Mitteln gegensteuern zu können.

Es gibt keinen Entwicklungsprozess, an dem Wahrnehmung und Motorik nicht beteiligt wären! Motorische Entwicklung und Wahrnehmungsentwicklung sind von Beginn des Lebens an untrennbar miteinander verknüpft und bedingen sich zeitlebens gegenseitig. Die Informationen aus Hautsinn, Gleichgewichtssinnen, Muskel- und Stellungssinn stellen in ihrer integrativen Zusammenarbeit die so genannte taktil-kinästhetische Wahrnehmung dar und bilden die Basis für die Motorik. Umgekehrt ist Sinneswahrnehmung ohne Bewegung (der Sinnesorgane) nicht möglich. Für höhere motorische Leistungen ist später das Zusammenspiel zwischen Motorik und Gesichtssinn (= visuo-motorische Koordination) und Motorik und Gehörsinn (= auditiv-motorische Koordination) erforderlich.

Wenn im Folgenden also von „Motorik" die Rede ist, ist gleichzeitig die „Wahrnehmung" als sinnvoller Verarbeitungsprozess aller Sinnesinformationen eingeschlossen. Die Qualität der Bewegungsmuster wird wesentlich von diesem Verarbeitungsprozess beeinflusst. Wahrnehmung und Motorik bedingen von Anfang an die emotionale Entwicklung, das Sozialverhalten, das Denken und Lernen, die Gedächtnis- und Intelligenzentwicklung, die Spielentwicklung, sie ermöglichen das Verstehen von Sprache und schließlich das Sprechen selbst. Sogar so genannte Reifungsprozesse, die genetisch programmiert sind, wie z.B. das Knochenwachstum oder die Gehirnreifung, werden erst durch Eigenbewegungen in Gang gesetzt und weiter ausdifferenziert.

Ist ein Kind in seinen Bewegungsmustern auffällig, kann die Ursache primär in einer gestörten Verarbeitung der Sinnesreize (so genannte sensorische Integrationsstörung oder Wahrnehmungsstörung) liegen oder primär in einer Schädigung der motorischen Gehirnzentren oder Nervenbahnen. Möglicherweise lag von Geburt an eine Störung in beiden Bereichen vor. Ganz gleich, im Endeffekt zeigt sich uns ein Kind, das bewegungsauffällig ist und erhebliche Probleme im Umgang mit sich selbst sowie der sozialen und dinglichen Umwelt hat und besonderer Hilfestellungen bedarf.

Die Aufteilung der Motorik in Teilbereiche geschieht aus Gründen der Übersichtlichkeit. In der Realität sind diese nicht so eindeutig voneinander abgehoben und greifen stark ineinander.

Hautsinn, Muskelsinn und Gleichgewichtssinne (taktil-kinästhetische Wahrnehmung)		
Situation / Tätigkeit des Kindes	**Beobachtungen** (Wie tut es das Kind? Wie verhält es sich?)	**Interpretationen** (Hinweise auf Störungen in...)
Ein anderes Kind an der Hand halten (müssen) beim Spaziergang, im Kreisspiel usw.	— Hand des anderen Kindes wird nur wenige Sekunden gehalten, dann losgelassen. — Hand des anderen Kindes wird nur auf eine ganz bestimmte, ungewöhnliche Weise gehalten. Wird dies vom anderen Kind nicht toleriert, kommt es zum Kontaktabbruch oder zu heftiger, teils aggressiver Selbstbehauptung oder zum Gefühl von Zurückgewiesen- und Abgelehntsein.	— Hautsinn: meidet Hautkontakt. — Hautsinn: toleriert Hautkontakt nur auf bestimmte Weise, die es selbst vorgibt.
Mit Fingerfarben malen	— Kind achtet darauf, dass nur die äußerste Fingerspitze meist nur eines Fingers mit der Farbe in Berührung kommt. — Mimik, die auf Ekel oder sehr unangenehme Gefühle schließen lässt. — Muss sogleich nach jedem Strich die Finger abwischen oder unbedingt mit Wasser waschen.	— Hautsinn: ist überempfindlich und/oder — Muskelsinn: „weiche" Materialien, die nachgeben (z.B. auch Knetmasse), geben keine klaren Informationen und machen unsicher.
Kind wird von hinten oder der Seite (kann es also nicht sehen) berührt oder angestoßen	— Schreit das andere Kind sofort an — oder beschimpft es — oder schlägt es. — Reagiert verunsichert, ängstlich, zieht sich vom anderen Kind zurück.	— Hautsinn und Muskelsinn: kann schlecht lokalisieren, wo es berührt wurde, bekommt daher Angst.

Situation / Tätigkeit des Kindes	Beobachtungen (Wie tut es das Kind? Wie verhält es sich?)	Interpretationen (Hinweise auf Störungen in...)
Spazierengehen auf unebenem Gelände (Wiese, Waldwege) oder auf abschüssigem Gelände	— Kind muss sich an der Hand der Erzieherin festhalten, damit es einigermaßen angstfrei ist. — Kind geht betont langsam und vorsichtig, muss verstärkt mit Armen ausbalancieren.	Muskel- und Stellungssinn und Gleichgewichtssinne: — Zu geringe Muskelspannung und/oder — Störungen in der Gleichgewichtsregulation.

Handmotorik / Hand-Hand-Koordination / Auge-Hand-Koordination

Situation / Tätigkeit des Kindes	Beobachtungen	Interpretationen
Mit Knetmasse kneten	— Kind kann keine Rolle formen, Knetmasse wird immer platt gedrückt, wenn es rollen will. — Arbeitet vorwiegend mit einer Hand. — Kann keine Kugel formen, Knetklumpen wird nicht genügend gedrückt; die Rollbewegung der Hand jedoch gelingt.	— Zu hoher Krafteinsatz und/oder — das Bewegungsmuster an sich und die motorische Planung misslingt (evtl. Hinweis auf Dyspraxie; s. u.). — Hand-Hand-Koordination ist nicht hinreichend aufgebaut. — Zu geringer Krafteinsatz.
Nagel mit dem Hammer in Holz einschlagen	— Die Hand, die den Nagel hält, „wackelt" mit der Hammerbewegung der 2. Hand mit. — Die Hand, die den Nagel halten soll, lässt in dem Moment los, in dem die 2. Hand mit dem Hämmern beginnen will oder eben gerade wenige Schläge ausgeführt hat. — Der Hammer trifft den Nagel selten oder nicht.	— Mitbewegungen (als Folge pathologischer Reflexe?). — Hand-Hand-Koordination misslingt. — Augen-Hand-Koordination misslingt. — Zu geringer Krafteinsatz und/oder — Bewegungssteuerung der Hand misslingt.

Mundmotorik

Situation / Tätigkeit des Kindes	Beobachtungen	Interpretationen
Mit Strohhalm Flüssigkeit aufsaugen	— Strohhalm wird nicht mit den Lippen, sondern mit den Zähnen festgehalten. — Flüssigkeit kann nicht aufgesaugt werden. — Kind bläst/blubbert, statt zu saugen.	— Mundschluss ist nicht möglich. — Der Krafteinsatz der Lippen ist zu gering, so dass das Röhrchen herausfallen würde. — Der Krafteinsatz der Lippen ist zu hoch, so dass das Röhrchen zerdrückt würde. — Die Rückmeldungen aus Haut- und Muskelsinn der Lippen sind zu ungenau, um zu spüren, welcher Krafteinsatz nötig wäre. — Die Koordination von Lippen, Zunge, Kiefer, Wangen- und Brustmuskulatur u. a. gelingt nicht. — Krafteinsatz beim Ansaugen ist zu gering. — Die Bewegungsrichtung ist noch nicht erfasst oder nicht übertragbar in die Motorik.
Eis am Stiel oder Eis aus der Eistüte schlecken	— Eiskugeln werden mit der Zunge von der Waffeltüte gestoßen. — Zunge kann nicht weit genug nach außen gestreckt werden, so dass das Eis mehr mit den Lippen aufgenommen werden muss.	— Zungenbeweglichkeit ist eingeschränkt (sensorische oder motorische Störung). — Zungenbeweglichkeit ist eingeschränkt (sensorische oder motorische Störung; oder Zungenbändchen ist zu kurz, was vom Zahnarzt abgeklärt werden kann).

Situation / Tätigkeit des Kindes	Beobachtungen (Wie tut es das Kind? Wie verhält es sich?)	Interpretationen (Hinweise auf Störungen in…)
Sprechen	— Kind spricht verwaschen. — Kind spricht bei 2 aufeinander folgenden Konsonanten nur einen aus, z. B. statt Schnauze sagt es „Nauze". — Die Zischlaute werden nicht korrekt artikuliert.	— Mundmotorik undifferenziert — Mundmotorik noch nicht hinreichend differenziert (alters- und übungsabhängig).
Mundschluss	— Kind hält Mund die meiste Zeit geöffnet oder kann Mund gar nicht schließen. — Mund ist die meiste Zeit geöffnet und Zunge kommt immer wieder hervor.	— Taktil-kinästhetische Störungen: schlaffe Muskelspannung in Lippen und Wangen — Organische und/oder neurologische Auffälligkeit: Nasenatmung ist nicht möglich infolge ständiger Infekte, Polypen, starke Krümmung der Nasenscheidewand, schwer wiegende Missbildungen des Kiefers o. a. organische Ursachen. Diese müssen unbedingt fachärztlicherseits abgeklärt werden! — Pathologischer Zungenreflex oder schlaffer Muskeltonus.

Augenmotorik

Basteln oder malen	— Kind arbeitet/malt bevorzugt auf der einen Blatthälfte, überkreuzt also die körpereigene Mittellinie nicht (weder mit Händen noch mit Augen; bitte genau beobachten). — Oberkörper und Kopf werden stark gedreht, um die mangelnde Augenbeweglichkeit auszugleichen.	— Augenmotorik: Körpereigene Mittellinie ist nicht überkreuzbar.
Luftballons auffangen, z. B. in der Rhythmik- oder Turnstunde	— Das Auffangen misslingt, weil die Augen die Bewegung des Luftballons nicht kontinuierlich verfolgen können.	— Augenmotilität[1]: Kontinuierliches Verfolgen von bewegten Gegenständen ist schlecht oder nicht möglich. — Die Augen-Hand-Koordination ist unzureichend.

Lateralität (integrative Zusammenarbeit zwischen beiden Gehirnhälften)

Auf einem Bein hüpfen	— Das Kind kann weniger als 4 Hüpfer ausführen. — Es kann die Richtung beim Hüpfen nicht einhalten. — Es muss mit den Armen sehr stark ausbalancieren, um nicht zu fallen. — Es kann überhaupt nicht auf einem Bein vorwärts hüpfen. — Es hüpft, fällt aber zu Boden.	— Lateralität ist noch nicht voll erreicht oder die Zusammenarbeit der linken und rechten Gehirnhälfte ist unzureichend und/oder — Störungen der Gleichgewichtsregulation und/oder — Störungen in der Regulation des Muskeltonus.

[1] Augenmotiliät: die vom vegetativen Nervensystem aus gesteuerten Muskelbewegungen des Auges

Situation / Tätigkeit des Kindes	Beobachtungen (Wie tut es das Kind? Wie verhält es sich?)	Interpretationen (Hinweise auf Störungen in...)
Bilder malen	— In den Zeichnungen sind keine Schrägen oder Diagonalen (z. B. Hausdach, Zaun, Zickzacklinie) zu erkennen. — In den Zeichnungen fehlen überkreuzte Linien (z. B. Fensterkreuz); Kreuzchen (x) sind generell nur als + (also Waagerechte und Senkrechte) dargestellt.	— Lateralität: Überkreuzen der körpereigenen Mittellinie ist erschwert oder gar nicht möglich und damit auch nicht in der bildhaften Übertragung.
Seitendominanz		
Malen, schneiden, hämmern, stecken, Löffel/Gabel halten usw.	— Das Kind nimmt noch beide Hände für die jeweilige Tätigkeit; keine Bevorzugung erkennbar. — Das Kind nimmt öfter die rechte oder linke Hand; aber noch keine eindeutige Dominanz erkennbar.	— Seitendominanz noch nicht altersgerecht entwickelt.
Körperkoordination (integrative Zusammenarbeit unterschiedlicher Muskelgruppen bei einer komplexen Tätigkeit)		
Schaukeln auf üblicher Hängeschaukel im Freien	— Kind kann die Schaukelbewegung nicht selbst in Gang halten; bleibt „ruhig" sitzen, ohne die Bewegung vorantreiben zu wollen. — Kind möchte zwar selbsttätig schaukeln, bewegt Beine und Oberkörper jedoch so unkoordiniert, dass der Bewegungsfluss abgestoppt wird und die Schaukel zum Stehen kommt. — Kind bewegt zwar Oberkörper richtig im Schaukelrhythmus, „vergisst" aber die Beine, d. h. es lässt sie einfach hängen.	— Körperkoordination: Schlechte Integration von oberen Extremitäten (Armen) und unteren Extremitäten (Beinen) sowie Oberkörper.
Ball zuwerfen	— Ball geht nicht in die Richtung des Zieles (weit seitlich oder gar nach hinten über den eigenen Kopf).	— Visuo-motorische Koordination misslingt und/oder — Bewegungsplanung misslingt.
Ball auffangen	— Kind fängt Ball erst, wenn er bereits auf den Körper aufgetroffen ist, meist mit überkreuzten Armen, also mehr mit Armen als mit den Händen.	— Visuo-motorische Koordination misslingt, und/oder — Bewegungsplanung misslingt.
Mit Schere vorgegebene Form aus Tonkarton ausschneiden	— Während die eine Hand mit der Schere schneidet, bewegt sich die Hand, die den Karton hält, immer wieder mit. — Die Haltehand hält den Karton mit zu wenig Kraft, so dass er immer wieder entgleitet. — Die Schere kippt mal nach rechts, mal nach links („wackelt"). — Die Schneidebewegung (das rhythmische Auf und Zu der Schere) verläuft stockend.	Körperkoordination: — Mitbewegen der kontralateralen Seite. — Kraftdosierung misslingt. — Handmotorik, insbesondere Muskelspannung, nicht adäquat. — Muskelspannung im Wechsel von An- und Entspannung nicht adäquat (d.h. die Automatisierung dieses Bewegungsmusters ist nicht vorhanden).

Situation / Tätigkeit des Kindes	Beobachtungen (Wie tut es das Kind? Wie verhält es sich?)	Interpretationen (Hinweise auf Störungen in…)
Getränk aus der Flasche in ein Glas eingießen	— Kind kann in das Glas eingießen, jedoch die Kippbewegung der Flasche nicht rechtzeitig abstoppen, so dass das Glas überläuft. — Der Flaschenhals muss grundsätzlich auf dem Glasrand abgestützt werden, damit nichts verschüttet wird. — Flüssigkeit wird meist daneben geschüttet; das Kind bemerkt den Irrtum erst, nachdem es die Flüssigkeit auf dem Tisch wahrnimmt.	Augen-Hand-Koordination: — Störung in der Steuerung durch die visuelle Information. — Augen können die Handmotorik nicht fein genug steuern und/oder — Probleme in der Kraftdosierung. — Augen können Handmotorik nicht fein genug steuern. (Abklären lassen, ob evtl. eine Sehbehinderung in Form von Kurz- oder Weitsichtigkeit oder Schielen die Leistung unmöglich macht.)

Automatisierung von Bewegungsmustern

Treppen hochsteigen	— Hält sich mit einer Hand am Treppengeländer fest (normal), stellt jedoch den zweiten Fuß immer nach (geht im Nachstellschritt und nicht alternierend).	— Automatisierung des Bewegungsmusters „Treppensteigen" ist nicht ausgebildet, und/oder — Probleme in der Gleichgewichtsregulation (Kind sichert sich mit Nachstellschritt ab).
Hüpfen mit beiden Beinen auf der Stelle	— Kein rhythmischer Bewegungsfluss, da das Kind nach dem Aufsprung immer wieder den Absprung neu einleiten muss (es kommt also zu einer kurzen Pause), weil Abfedern nicht gelingt.	— Automatisierung des Bewegungsmusters „Hüpfen" ist nicht aufgebaut.
Den Schraubverschluss einer Flasche oder Dose öffnen oder schließen	— Die Drehbewegung geht nicht zielgerichtet in eine Richtung, sondern mal nach rechts, mal nach links. — Das Loslassen des Deckels und Umsetzen der Hand gelingt nicht flüssig oder gar nicht.	— Automatisierung des Bewegungsmusters „Auf- oder Zudrehen" gelingt nicht.
Pedale treten	— Stockungen im Bewegungsfluss oder — mit beiden Beinen wird gleichzeitig zu treten versucht.	— Automatisierung des Bewegungsmusters „Pedale treten" ist nicht vollzogen.
In die Hände klatschen ca. 10–20 Sek. lang	— Stockungen im Bewegungsfluss.	— Automatisierung des Bewegungsmusters „In die Hände klatschen" ist nicht vollzogen. (Beim Klatschen zu Musik ist zusätzlich auditiv-motorische Koordination gefordert.)
Mit Schere schneiden	— Die Auf- und Zubewegung geschieht stockend.	— Automatisierung des Bewegungsmusters „Schneiden" ist noch nicht vollzogen.

2. Körperbewusstsein und Praxie

Die Wahrnehmung des eigenen Körpers und die Umsetzung in zielgerichtete, zweckmäßige Bewegungen gelingt nur durch ein Zusammenspiel vieler Funktionen.

Körperbewusstsein wird hier im Sinne von M. Frostig (1973) gebraucht und umfasst drei Funktionen: die Körperimago, das Körperschema und den Körperbegriff. Das Körperbewusstsein entwickelt sich auf der Grundlage der sensorischen und motorischen Funktionen. Vor allem spielt die integrative Zusammenarbeit von Hautsinn, Gleichgewichtssinnen, Muskel- und Stellungssinn eine große Rolle. Des Weiteren ist das Körperbewusstsein abhängig von geistigen und kommunikativen Prozessen, von der emotionalen und sozialen Entwicklung. Ein unvollständiges Körperbewusstsein kann als Folge von Störungen eines oder mehrerer der genannten Bedingungsfaktoren auftreten.

Körperimago

Unter Körperimago versteht man „die Summe aller auf den Körper bezogenen Empfindungen" (Frostig 1973, S. 45). Die Kinder zeichnen oder beschreiben ihren Körper so, wie sie ihn gerade empfinden. Alle Erfahrungen, die sie mit und an ihrem Körper gemacht haben, die augenblicklichen Stimmungen und die Erfahrung, wie andere Menschen über ihn reden und mit ihm umgehen, prägen die Imago (= Bild) vom eigenen Körper. Störungen in der Körperimago sind zurückzuführen auf:

- schwer wiegende frühe negative soziale Erfahrungen und/oder
- schwer wiegende Deprivation (z. B. durch langen Klinikaufenthalt nach der Geburt) und/oder
- eine Störung der sensorischen Verarbeitungsprozesse und/oder
- eine leichte Hirnschädigung und/oder
- eine psychotische Persönlichkeitsentwicklung und/oder
- Drogeneinwirkungen (Rauschgift, Alkohol, Psychopharmaka).

Körperschema

Unter Körperschema versteht man „die mehr oder weniger automatische Anpassung von Teilen des Skelettsystems und die Spannung und Entspannung der Muskeln, die man benötigt, um eine Körperhaltung beizubehalten, sich ohne Hinfallen bewegen und Gegenstände in sinnvoller Weise manipulieren zu können" (Frostig 1973, S. 47). Körperschema und Körperimago sind voneinander abhängig und in Wirklichkeit nur schwer zu trennen. Liegen Störungen im Körperschema vor, ist meist auch die Körperkoordination betroffen. Störungen im Körperschema sind Folge von:

- mehr oder weniger schweren neurologischen Störungen, also z. B. pathologischer Reflextätigkeit oder Muskelerkrankungen.
- Störungen in den taktil-kinästhetischen Verarbeitungsprozessen, wobei die Gleichgewichtsfunktionen eine Hauptrolle spielen.

Körperbegriff

Der Körperbegriff „bezieht sich auf die faktische Kenntnis des Körpers, auf die Kenntnis, dass der Mensch zwei Augen hat, zwei Schultern, die die Arme mit dem Körper verbinden, zwei Beine usw" (Frostig 1973, S. 49). Er entwickelt sich in Abhängigkeit vom Lernangebot, also den Informationen und deren Verarbeitung über Anzahl und Vorhandensein sichtbarer und unsichtbarer Körperteile und deren Funktionen z.B., dass es ein Herz gibt, das Blut in den Körper pumpt.

Praxie und Dyspraxie

Praxie bezeichnet die Fähigkeit, zielgerichtet und zweckmäßig zu handeln. Ein dyspraktisches Kind stellt sich, vereinfacht ausgedrückt, unpraktisch an. In vielen Fällen erscheint die Dyspraxie ohne jegliche Körperkoordinationsstörung. Sie ist also keine Bewegungsstörung an sich, sondern vielmehr eine kognitive Störung hinsichtlich des planvollen Vorstellens, des Speicherns und Abrufens von Bewegungsmustern und Bewegungsabfolgen.

„Dyspraktische Kinder fallen durch ihre Unsicherheit, Unentschlossenheit, Unselbstständigkeit und Hilflosigkeit in neuen motorischen Lernsituationen auf. Trotz guter Begriffsfähigkeit packen sie die Bewegungsaufgabe irgendwie falsch an, zäumen das Pferd von hinten auf. Und sie halten immer wieder verwirrt inne, um nachzudenken, wie es weitergehen soll" (Kiphard 1988, S. 132).

Die Fähigkeit zu zielgerichtetem und zweckmäßigem Handeln entwickelt sich auf Grund der Bewegungserfahrungen (taktil-kinästhetische Erfahrungen des eigenen Körpers, Informationen aus der Umwelt über den Haut-, Gehör- und Gesichtssinn). Diese müssen gespeichert (Bewegungsgedächtnis) und bei gegebener Aufgabenstellung wieder abgerufen werden. Das Erinnerungsvermögen erst erlaubt das Sich-Vorstellen-Können, wie etwas ausgeführt werden kann. Dyspraktische Kinder leiden also an einem Mangel an Körperwahrnehmung, Körpergefühl, Körperkenntnis, Körperpraxis (Fähigkeit, seinen Körper zweckmäßig einzusetzen) und Bewegungsgedächtnis.

Das Körperbewusstsein ist abhängig von geistigen und kommunikativen Prozessen sowie der emotionalen und sozialen Entwicklung.

Körperimago

Situation / Tätigkeit des Kindes	Beobachtungen (Wie tut es das Kind? Wie verhält es sich?)	Interpretationen (Hinweise auf Störungen in...)
Zeichnen von Menschenfiguren wie z. B. Clown, Männchen, Fee, Zwerg	— Es fehlen immer oder sehr häufig ganz wesentliche Körperteile wie z.B. Hände, Augen, Bauch/Leib. — Die Hände werden undifferenziert als Fäuste ohne Finger gemalt. — Anzahl der Finger stimmt nicht. — Körperteile sind falsch angeordnet, z.B. Kopf im Bauch, Beine am Kopf, Arme an Beinen, Ohren am Bauch.	Störungen der Körperimago: — Sensorische und/oder motorische Funktionsstörungen und/oder — seelische Entwicklungsstörung. — Störung der Körperimago und/oder des Körperbegriffs.
Kind erzählt von sich oder gibt Beschreibungen seines Körpers.	Aussagen wie z. B.: — „Mein Kopf passt in winzige Ritzen." — „Mein Körper ist so lang wie eine Schlange." — „In meine Hände passen auf einmal alle Steine der Welt." — „Ich bin furchtbar hässlich." — „In meinem Gehirn funken tausend Marsmenschen."	— Störungen der Körperimago als Ausdruck einer verzerrten Selbstwahrnehmung. — Evtl. schwer wiegende seelische Entwicklungsstörung.

Körperschema

Kind soll Tierbewegungen nachahmen: Hüpfen wie ein Frosch, Hopsen wie ein Hase, Springen wie ein Pferd usw.	— Der typische Bewegungsablauf des Tieres ist nicht nachvollziehbar, das Kind bewegt sich zwar, aber eben nicht wie das Tier. — Kind muss erst lange Zeit den anderen Kindern zuschauen, wie die das tun, bevor es selbst die Bewegungsart nachmachen kann.	— Störungen im Körperschema und/oder Dyspraxie, wenn es sich das Bewegungsmuster entweder nicht vorstellen oder dieses nicht in die Motorik übertragen kann.
Hampelmannsprung soll nachgeahmt werden.	— Arme und Beine können nicht gleichzeitig in ihren Positionen verändert werden oder — das Kind hüpft erst, nachdem es die Beine und Arme in ihrer Position verändert hat; es kann also nicht gleichzeitig hüpfen und Arme und Beine richtig verändern.	— Körperschemastörung — Körperschemastörung: Kind kann vermutlich nicht automatisch sein Gleichgewicht regulieren, wenn es sich so sehr auf Arme und Beine konzentrieren muss.
Im Bewegungsspiel oder beim Malen muss die körpereigene Mittellinie überkreuzt werden.	— Kreuzt überhaupt nicht oder — kreuzt nur mit einem Arm oder — kreuzt zeitlich stark verzögert, muss also entweder lange zusehen oder lange nachdenken, wie das geht. — Wechselt beim Malen die Hand oder — zeichnet einfach nicht über die Blattmitte hinweg.	— Störung im Körperschema: Überkreuzen der körpereigenen Mittellinie misslingt.
Kind soll rückwärts gehen. Auf ein Zeichen hin soll das Kind die Richtung wechseln.	— Kind bleibt stehen oder es geht vorwärts oder seitlich nach vorne. — Kind geht vorwärts, kann aber nicht umschalten auf rückwärts oder — der Richtungswechsel geht nur stockend und zeitlich verzögert.	— Störung im Körperschema: Die Orientierung im Raum gelingt nicht. (Vor- und Rückwärtsgehen sind Voraussetzungen für Vor- und Rückwärtszählen, Addieren und Subtrahieren.)

Situation / Tätigkeit des Kindes	Beobachtungen (Wie tut es das Kind? Wie verhält es sich?)	Interpretationen (Hinweise auf Störungen in…)
Auf allen Vieren gehen (z. B. wie ein Hund)	— Kind kann nicht gleichzeitig rechtes Bein und linken Arm vorsetzen, sondern jeweils nur rechtes Bein und rechten Arm oder linkes Bein und linken Arm (seitengleicher Schritt).	— Körperschemastörung: Seitenüberkreuzte Bewegungsmuster misslingen.
Kind erhält die Aufforderung: „Leg das Buch neben dich!" Aufforderung: „Stell dich hinter deine Freundin!"	— Kind fragt: „Wohin? Da vorne?" — Kind legt Buch vor oder hinter sich. — Kind stellt sich vor oder neben die Freundin.	— Körperschemastörung: Sprachliche Begriffe, die räumliche Beziehungen angeben, sind nicht erfassbar. (Oder das Kind kann nur ganz wenige und einfache Begriffe verstehen.)
Ankleiden: Schuhe, Hose, Strumpfhose, Pullover usw.	— Kind verwechselt rechte und linke Seite. — Kind vertauscht vorne und hinten.	— Körperschemastörung, evtl. auch Dyspraxie

Körperbegriff

Erzieherin fragt nach Anzahl von Körperteilen: „Wie viele Augen/ Hände/Nasen/Finger hat der Mensch?"	— Kind kann alle Körperteile, die ein- oder zweifach vorhanden sind, richtig aufzählen. Jedoch stimmt die Anzahl der Finger und Zehen nicht. — Kind ist sich sehr unsicher, sagt im Versuch-Irrtum-Verfahren 1 oder 2 oder viele usw.	— Körperbegriff ist unvollständig. — Körperbegriff ist mangelhaft oder nicht vorhanden.
Erzieherin berührt Körperteil an Kind oder Puppe, Kind soll diesen benennen.	— Kind benennt wesentliche Körperteile richtig, z. B. Kopf, Bauch, Rücken, Bein, Hand, Arm. Benennt andere aber falsch und bezeichnet z. B. die Schulter mit „Rücken", den Oberschenkel mit „Knie", die Augenbrauen mit „Auge" oder „Augenlid", das Genick mit „Hals".	— Körperbegriff ist unvollständig.

Dyspraxie

Erzieherin lädt das Kind ein, bei einem neuen Bewegungsspiel mitzumachen.	— Kind sieht von ferne zu. Es sagt: „Ich habe keine Lust." — Kind verweigert die Teilnahme mit Sätzen wie z. B.: „Das kann ich nicht", „Das ist ja langweilig."	— Dyspraxie. Speziell: Mangel an Motivation aus Unsicherheit darüber, wie es seinen Körper zur Erfüllung der Aufgabe einsetzen soll und/oder aus Angst vor Versagen.
Kind liegt auf dem Rollbrett und soll sich mit den Händen abstoßend vorwärts bewegen. Das Kind sieht zu, wie es die anderen Kinder machen.	— Kind liegt „unmöglich" auf dem Rollbrett, indem es sich z. B. mehr mit den Armen als mit dem Oberkörper auf dem Brett aufstützt, während der Rest des Körpers auf dem Boden schleift. Eine Fortbewegung ist nicht möglich.	— Dyspraxie: Der Körper kann sich nicht an das Rollbrett anpassen bzw. nicht zweckmäßig benutzt werden. Trotz Zusehens bei den anderen Kindern weiß das Kind nicht, wie es die Körperlage verändern muss, damit das Ziel erreicht wird. Handlungsausführung misslingt.

3. Entwicklung des kindlichen Spiels

Da Spielen eine elementare Bedeutung für die Entwicklung des Kindes hat, verlangen Spielstörungen unsere besondere Aufmerksamkeit.

Neuropsychologische Voraussetzungen der Spielentwicklung

Als wesentliche neuropsychologische Voraussetzungen für die Spielentwicklung gelten Wahrnehmung, Motorik und Körperbewusstsein, drei Faktoren, die sich von Beginn des Lebens an untrennbar verknüpfen. Die mimischen Nachahmungsleistungen Neugeborener zeugen beispielsweise von höchst komplexen integrativen Leistungen dieser drei Komponenten: Das Neugeborene muss

1. das Gesicht der Betreuungsperson sehen und wahrnehmen
2. das Gesicht und seine Teile als solche identifizieren (= Wahrnehmungsleistung als Ergebnis der sinnvollen Verarbeitung der visuellen Reize)
3. eine Übertragung auf den eigenen Körper vornehmen (= intermodale Leistung)
4. diese speziellen Körperteile (z. B. Augenbrauen) in Bewegung setzen (= Übertragung in die Motorik).

Der 2., 3. und 4. Schritt setzen bereits ein Körperbewusstsein voraus, das sich vorgeburtlich entwickelt hat. Schon das Neugeborene muss also auf Grund seiner Wahrnehmung eine Vorstellung vom eigenen Körper haben – und das, ohne dass es sich selbst je hätte sehend beobachten können.

Die angeborenen Grundfunktionen menschlichen Seins, nämlich Wahrnehmung, Bewegung und Körperbewusstsein, bilden zugleich die Grundelemente für die allerersten wie auch für die späteren Spielformen. Bemerkenswert ist, dass die ersten Ansätze von Spielverhalten in sozialen Interaktionen bestehen, wie eben diese Nachahmungsleistungen auch.

Spielen ist wohl eine der wesentlichsten Grundfähigkeiten des Menschen und zeigt sich in den vielfältigsten Aktivitäten im Umgang mit seinem eigenen Körper, der sozialen und dinglichen Umwelt. Wie bei vielen anderen Entwicklungsbereichen stellt man auch bei der Spielentwicklung fest, dass jede Spielart sozusagen ihre eigene Blütezeit innerhalb bestimmter Altersgrenzen hat und dann wieder in den Hintergrund tritt, um einer anderen Spielform Platz zu machen. Jede Spielart, die einmal erworben wurde, bleibt zeitlebens erhalten. Sie differenziert sich über die Jahre hinweg immer weiter aus und tritt in immer komplexeren Varianten zu Tage. Denken wir nur einmal an das beliebte „Guck-guck-da-Spiel" des Säuglings, das die Freude am Verschwinden und Wiederauftauchen widerspiegelt. Später taucht das gleiche „Spielmotiv" wieder auf in den Versteckspielen oder in der Faszination von den Zaubereien und Zaubersprüchen in Märchen, noch etwas später im Spaß am eigenen Zaubern bis hin zur Begeisterung für ganz große Zauberer im Zirkus oder Varieté-Theater.

Spielen heißt: sich entwickeln, wachsen, reifen, lernen; all das geschieht spielerisch von selbst – das bedeutet, aus dem eigenen Antrieb der Neugierde heraus und mit Lust am Tun. Beide Komponenten sind störanfällig, z.B. durch schwere emotionale Konflikte, durch motorische Beeinträchtigungen oder auch Störungen in der Wahrnehmungsentwicklung.

Neuropsychologische Ursachen einer Spielentwicklungsstörung

Aus neuropsychologischer Sicht ergeben sich vor allem dann Störungen in der Spielentwicklung, wenn folgende Bereiche Entwicklungsstörungen aufweisen:

1. Wahrnehmungsprozesse

- Wenn taktil-kinästhetische, auditive und/oder visuelle Wahrnehmungsstörungen auf modaler (einen Sinnesbereich betreffend) oder intermodaler Ebene (= Verknüpfung aller Sinnesmodalitäten) auftreten. Erkennbar, wenn das Kind z. B. beim Singspiel, bei dem gleichzeitig Bewegung (als taktil-kinästhetische Leistung) sowie Hören und Sehen in guter Zusammenarbeit gefordert sind, entweder den einen Sinneskanal „auslässt" (nur singt, sich aber nicht bewegt und umgekehrt) oder nur interessiert zuschaut, aber nicht mitmachen kann.

- Wenn die seriale Stufe der Wahrnehmungsentwicklung Lücken aufweist. Seriale Entwicklung ermöglicht das Aneinanderreihen von Gegenständen, z. B. Bausteine aneinander legen, Türme bauen oder auch das Kombinieren verschiedener Gegenstände: Klötze in eine Kiste werfen, Perlen auf den Faden aufziehen, Autos auf die Straße setzen sowie auch die zeitliche Einordnung von Reizen/Ereignissen, wie dies beispielsweise im geordneten Handlungsablauf eines Rollenspiels gefordert ist.

Wahrnehmung, Bewegung und Körperbewusstsein bilden die Grundelemente für die allerersten wie auch für die späteren Spielformen.

Auch die visuell-räumliche Ordnung, ohne die z. B. das Memory-Spiel und das Mikado-Spiel nicht bewältigbar sind, setzt eine seriale Entwicklung voraus.

- Wenn die angeborene, grundlegende Fähigkeit der selektiven Aufmerksamkeit (Herausfilterung dessen, was im jeweiligen Moment bedeutsam ist) eingeschränkt oder gar unmöglich ist. Es handelt sich hierbei um eine spezielle Form der Figur-Hintergrund-Wahrnehmungsschwäche. Kinder mit diesen Störungen zeichnen sich häufig durch Sprunghaftigkeit, Impulsivität, erhöhte Ablenkbarkeit oder geringe Ausdauer im Spiel aus.

2. Motorik

Wenn motorische Auffälligkeiten vorhanden sind. Sei es als Folge einer Hirnschädigung (Körperbehinderung) oder als Ausdruck einer Hirnreifungsverzögerung mit leichten neurologischen Auffälligkeiten (z. B. in Koordinationsleistungen, in der Kraftdosierung oder in der Automatisierung von Bewegungsabläufen).

Ungeschicklichkeiten, Misserfolge, rasche Ermüdbarkeit durch die immense Anstrengung, die ein Bewegungsablauf erfordert, oder Überforderungen bzw. Unfähigkeiten, sich entsprechend den Spielanforderungen bewegen zu können, schränken sowohl das Spielrepertoire als auch die Neugierde und die Freude am Spiel erheblich ein.

Spielen heißt: sich entwickeln, wachsen, reifen, lernen; all das geschieht spielerisch aus eigenem Antrieb und Neugierde.

Auch Wahrnehmungsstörungen, speziell die taktil-kinästhetischen, beeinflussen die motorischen Leistungen in ihrer Qualität und erschweren das Spielen. Wahrnehmungsstörungen reduzieren unter Umständen die Neugierde und Lust am Tun, da die Materialien in der Fehlverarbeitung der Reize zu wenig Aufforderungscharakter besitzen oder eine Überforderung darstellen und dann sogar Angst hervorrufen.

Funktionen von Spiel

Die theoretischen Erörterungen abschließend möchte ich in aller Kürze auf wesentliche Bedeutungen kindlichen Spiels verweisen, um damit gleichzeitig den Blick für weit reichende Folgen einer Spielstörung zu öffnen. Beim Betrachten der vielen Funktionen des Spiels fällt es nicht schwer, sich die seelische Not der Kinder vorzustellen, deren Spielverhalten eingeschränkt ist.

- Wie soll das Kind beispielsweise seine psychischen Spannungen oder Konflikte abführen? Vielleicht über häufiges Weinen, gereiztes, aggressives Verhalten, Einnässen, sich ganz Zurückziehen?
- Wie kann das Kind dann Erfahrungen mit sich und der dinglichen Umwelt sammeln? Vielleicht über vermehrtes Zuschauen, unablässiges Fragen, viel Fernsehen?
- Womit könnte das Kind sich sonst Erfolgserlebnisse verschaffen? Vielleicht über viel reden, den Clown spielen, über andere bestimmen, sich überanpassen und immer „lieb" sein?

Die Liste möglicher Folgen ist endlos. Nur in der Zusammenschau

der Lebensgeschichte und der augenblicklichen Lebenssituation des Kindes sowie seiner Stärken und Kompetenzen kann das Ausmaß der Entwicklungsstörung, die uns unter Umständen erst als Spielentwicklungsstörung auffällt, abgeschätzt werden. Jedenfalls ist ein im Spiel auffälliges Kind in der weiteren psychischen, geistigen, sozialen und sprachlichen Entwicklung gefährdet.

Leitfragen zur Spielbeobachtung

Aus den bisherigen Darstellungen lassen sich vier Leitfragen ableiten, die rasch ein in der Spielentwicklung auffälliges Kind erkennen lassen:

- Sind Neugierde, Freude am Spiel und Lust am Ausprobieren oder Erkunden von Neuem vorhanden?
- Ist das Spielrepertoire altersgemäß ausgeweitet?
- Zeigen sich innerhalb einer Spielart altersgerechte Differenzierungen und Variationen sowie ein kreativer Umgang mit den Materialien und der Sprache im Spiel?
- Erfüllt das Spiel für das Kind vielerlei Funktionen? (Wird das Spiel also für die verschiedenen Funktionen eingesetzt?)

Sind bei einer oder mehreren Fragen Auffälligkeiten zu registrieren, empfiehlt sich anhand des folgenden Beobachtungsbogens eine erste Überprüfung auf mögliche neuropsychologische Ursachen. Die gemachten Beobachtungen können dann den Spezialisten, die die nachfolgende Differenzialdiagnostik und/oder Behandlung übernehmen, wichtige Informationen bie-

Ihr **kindergarten heute** - Abonnement

kindergarten heute ist die meistgelesene Fachzeitschrift für ErzieherInnen und bietet Ihnen 10 mal im Jahr: Fachwissen und konkrete Anregungen für die tägliche Bildungsarbeit; ein regelmäßiges Dossier: Kinder unter 3; Ideen zur Projektgestaltung; Stellenangebote und -gesuche; berufsrelevante Nachrichten und Informationen

○ **Ja,** ich möchte kindergarten heute ab sofort regelmäßig lesen. Senden Sie mir die Zeitschrift zehnmal im Jahr direkt nach Hause. kindergarten heute kostet im Abonnement € 49,90 jährlich (für Auszubildende € 34,00) zzgl. € 8,00 Porto.

Preise gültig bis 31.12.12   KGABOSP

Kein Risiko! Das Abonnement ist jederzeit kündbar. Das Geld für nicht gelieferte Ausgaben wird Ihnen zurück erstattet.

Vor- und Zuname

Straße

PLZ/Ort

(Auszubildende: Ausbildung endet ca. _____)

☐ Ich wünsche Bankeinzug.

Konto-Nr.   Bankleitzahl

Bankinstitut

☐ Ich überweise nach Erhalt der Rechnung.

Datum   ✗   Unterschrift

Hier abonnieren Sie **Das Leitungsheft**

Das Leitungsheft ist das unverzichtbare Handwerkszeug für alle, die mit Leitungsaufgaben in der Frühpädagogik betraut sind. Sier erhalten fundiertes Fachwissen und Methoden speziell für Ihre Leitungsaufgaben!

○ **Ja,** ich möchte **Das Leitungsheft** (4 Ausgaben im Jahr) zum Normalpreis von € 38,00 abonnieren (zzgl. € 3,20 Versandkosten).   KLNPSP

○ **Ja,** ich bin AbonnentIn von **kindergarten heute** und möchte **Das Leitungsheft** (4 Ausgaben im Jahr) zum Vorzugspreis von nur € 29,80 abonnieren (zzgl. € 3,20 Versandkosten)**.**   KLVPSP

Kein Risiko! Das Abonnement ist jederzeit kündbar. Das Geld für nicht gelieferte Ausgaben wird Ihnen zurück erstattet.   Preise gültig bis 31.12.12

Vor- und Zuname

Straße

PLZ/Ort

(Auszubildende: Ausbildung endet ca. _____)

☐ Ich wünsche Bankeinzug.

Konto-Nr.   Bankleitzahl

Bankinstitut

☐ Ich überweise nach Erhalt der Rechnung.

Datum   ✗   Unterschrift

Hier bestellen Sie Ihre Fachliteratur

Expl.	Bestellnr.	Kurztitel	Preis

kindergarten heute –
Ein unverzichtbarer Begleiter

**Fachwissen und konkrete Anregungen
für die tägliche Bildungsarbeit**

Antwort

Verlag Herder
KundenServiceCenter

79080 Freiburg

✂ - →

Das Leitungsheft –
Auf die Leitung kommt es an!

**Erprobte und erfolgreiche Methoden
für Ihre vielfältigen Aufgaben als
Leiterin**

Antwort

Verlag Herder
KundenServiceCenter

79080 Freiburg

✂ - →

Absender:

_____
Vor- und Zuname

_____
Straße

_____
PLZ/Ort

_____
Telefon   E-Mail

_____
Datum   Unterschrift

Antwort

HerderShop24
Postfach 100 154

79120 Freiburg

kindergarten heute *wissen kompakt / spezial*

Ja, senden Sie mir bitte zum Preis von jeweils € 9,95 (zzgl. Porto)

_____ Ex. **Sprachentw. u. -förderung** (4001384)
_____ Ex. **Entw.-Förderung d. Bewegung** (4001178)
_____ Ex. **Kindeswohlgefährdung** (4001145)
_____ Ex. **Entwicklungspsychologische Grundlagen** (4000998)
_____ Ex. **Kinder unter 3** (4001061)
_____ Ex. **Kita als lernende Organisation** (4001186)
_____ Ex. **Feinfühligkeit** (4001095)
_____ Ex. **Sozial-emotionale Entwicklung** (4001103)
_____ Ex. **Kinder beobachten und Ihre Entwicklung dokumentieren** (4000923)
_____ Ex. **Pädagogische Handlungskonzepte** (4001079)
_____ Ex. **Wahrnehmungsstörungen** (4000915)
_____ Ex. **Auffälliges Verhalten** (4001087)

Ab 5 Exemplaren einer Ausgabe gelten unsere günstigen Mengenpreise. Rufen Sie uns einfach an: 0761 / 2717 474.
(Irrtum oder Änderung vorbehalten)

Meine Adresse:

_____
Vor- und Zuname

_____
Straße

_____
PLZ/Ort

_____
Telefon   E-Mail

_____
Datum   Unterschrift

---

kindergarten heute *praxis kompakt*

Ja, senden Sie mir bitte zum Preis von jeweils € 8,95 (zzgl. Porto)

_____ Ex. **Portfolioarbeit** (4003976)
_____ Ex. **Bewegungsförderung** (4003950)
_____ Ex. **Lernwerkstatt** (4003901)
_____ Ex. **Partizipation** (4003935)

Ebenfalls noch erhältlich:
_____ Ex. **Kreatives Gestalten** (4003943)
_____ Ex. **Kleinstkinder** (4003919)
_____ Ex. **Schulkinder betreuen** (4003927)
_____ Ex. **Singen u. Musizieren** (4003893)
_____ Ex. **Naturwissenschaften** (4003877)
_____ Ex. **Zahlen u. Mathematik** (4003844)

Ab 5 Exemplaren einer Ausgabe gelten unsere günstigen Mengenpreise. Rufen Sie uns einfach an: 0761 / 2717 474.
(Irrtum oder Änderung vorbehalten)

Meine Adresse:

_____
Vor- und Zuname

_____
Straße

_____
PLZ/Ort

_____
Telefon   E-Mail

_____
Datum   Unterschrift

---

kindergarten heute *management kompakt*

Ja, senden Sie mir bitte zum Preis von jeweils € 8,95 (zzgl. Porto)

_____ Ex. **Veränderungsprozesse** (4002853)
_____ Ex. **Profilentwicklung** (4002432)

Ebenfalls noch erhältlich:
_____ Ex. **Personalführung** (4002465)
_____ Ex. **Die häufigsten Rechtsfragen** (4002846)
_____ Ex. **Konfliktmanagement** (4002457)
_____ Ex. **Elternzusammenarbeit** (4002440)
_____ Ex. **Beurteilungen und Zeugnisse** (4002416)
_____ Ex. **Zeitmanagement** (4002424)
_____ Ex. **Konzepte entwickeln** (4002374)
_____ Ex. **Gesprächsführung in der Kita** (4002390)
_____ Ex. **Familien stärken - Elternbildung** (4002382)
_____ Ex. **Rechtliche Grundlagen** (4002408)
_____ Ex. **Methoden der Team-/Elternarbeit** (4002309)
_____ Ex. **Social Sponsoring & Fundraising** (4002291)

Ab 5 Exemplaren einer Ausgabe gelten unsere günstigen Mengenpreise. Rufen Sie uns einfach an: 0761 / 2717 474.
(Irrtum oder Änderung vorbehalten)

Meine Adresse:

_____
Vor- und Zuname

_____
Straße

_____
PLZ/Ort

_____
Telefon   E-Mail

_____
Datum   Unterschrift

kindergarten heute *wissen kompakt / spezial*

✳ die wichtigsten **pädagogischen und psychologischen Themen** der Elementarpädagogik

✳ **kompakt** und übersichtlich zusammengestellt.

Bitte mit
€ 0,45
frankieren,
falls Marke
zur Hand

Antwort

HerderShop24
Postfach 100 154

79120 Freiburg

------------------------------✂------------------------------

kindergarten heute *praxis kompakt*

✳ **Themenheft** für den pädagogischen Alltag

✳ konkrete **Praxishilfe** für die Gestaltung von Projekten und Angeboten

Bitte mit
€ 0,45
frankieren,
falls Marke
zur Hand

Antwort

HerderShop24
Postfach 100 154

79120 Freiburg

------------------------------✂------------------------------

kindergarten heute *management kompakt*

✳ Fachlich zugeschnittenes, konkretes **Handlungs- und Managementwissen**

✳ **Erprobte Methoden** in komprimierter Form, leicht verständlich aufbereitet

Bitte mit
€ 0,45
frankieren,
falls Marke
zur Hand

Antwort

HerderShop24
Postfach 100 154

79120 Freiburg

ten. Selbstverständlich sollen die Beobachtungen den ErzieherInnen dazu verhelfen, das Kind besser zu verstehen, behutsamer und geduldiger mit ihm umzugehen und entsprechende Hilfestellungen bieten zu können.

Der Beobachtungsbogen beschränkt sich auf einige häufige Spielsituationen im Kindergarten, innerhalb derer typische Entwicklungsstörungen zu Tage treten. Selbstverständlich werden die Spielbedingungen, wie sie in dem Beobachtungsraster dargestellt sind, von Einrichtung zu Einrichtung und von Situation zu Situation unterschiedlich sein. Wesentlich sind die grundsätzlichen Aussagen über die Art und Weise des Spiels, die auf die jeweils konkrete Beobachtung übertragen werden können.

Abschließend möchte ich nochmals darauf hinweisen: Auffälligkeiten im kindlichen Spiel können eine Entwicklungsstörung sein, bedingt durch neuropsychologische Gegebenheiten in Wahrnehmung, Motorik und Körperbewusstsein. Davon zu unterscheiden sind Spielstörungen, die ihre Ursache eher in emotionalen, sozialen und soziokulturellen Bedingungen haben. Dies zu unterscheiden fordert von den ErzieherInnen ein sehr sorgfältiges Beobachten sowie das Wahrnehmen des kindlichen Umfeldes und Gespräche mit den Eltern. Das Hinzuziehen von KollegInnen und Supervision kann bei einem solchen Klärungsprozess äußerst hilfreich sein.

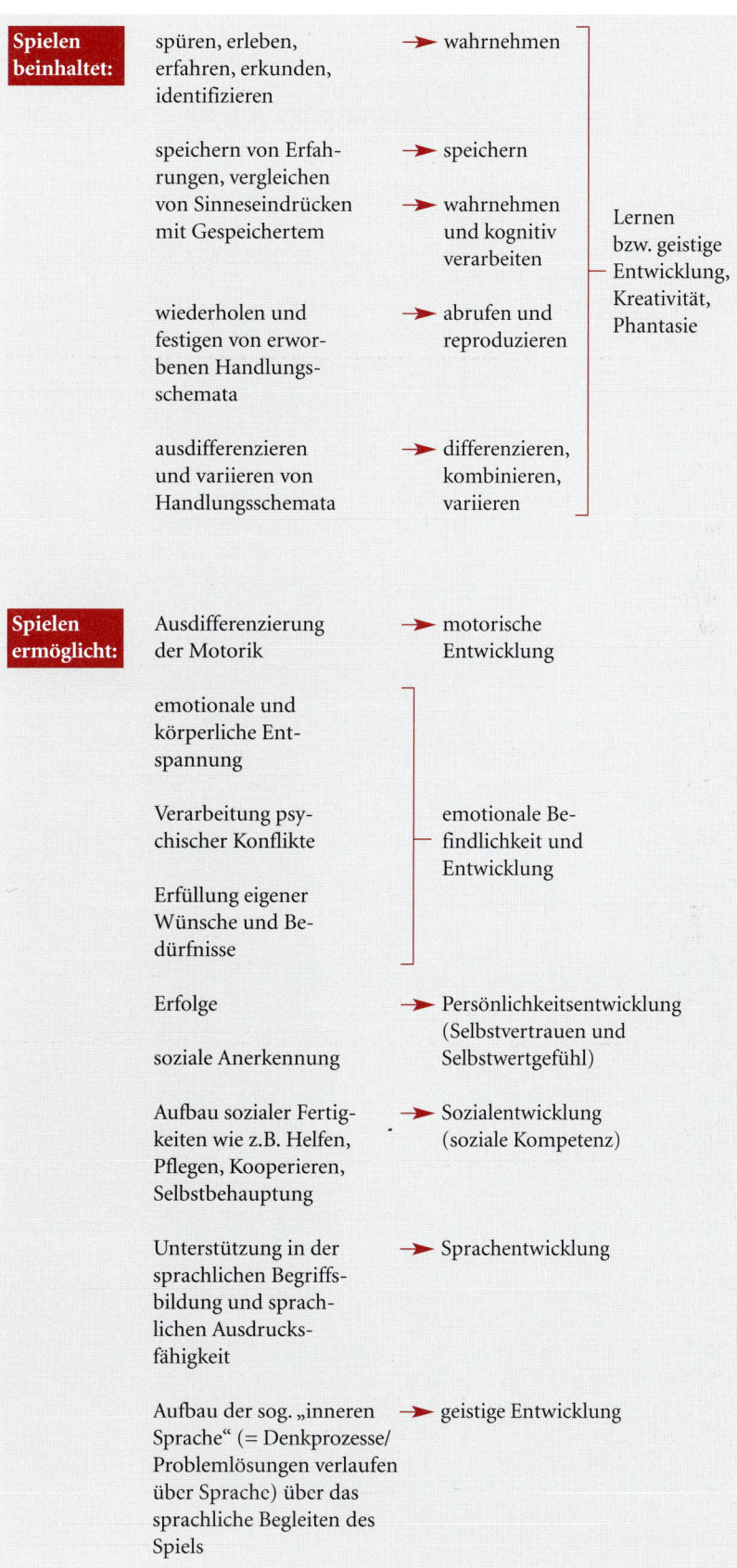

Spielverhalten		
Situation / Tätigkeit des Kindes	Beobachtungen (Wie tut es das Kind? Wie verhält es sich?)	Interpretationen (Hinweise auf Störungen in...)
Versteck- und Aufdeckspiele: Versteckspiel mehrerer Kinder auf der Spielwiese des Kindergartens.	— Kind nimmt nie von sich aus an derartigen Spielen teil. — Kind macht auf Aufforderung hin höchstens ein- oder zweimal mit. — Kind weigert sich mitzuspielen mit Bemerkungen wie: „Das finde ich blöd!"	Serialstufe, die die Erwartungshaltung und damit Spannung des Spiels sowie die Einhaltung von Regeln bedingt. — Keine Lust am Verstecken, da Serialstufe lückenhaft entwickelt. — Geringe Lust am Spiel. — Entweder keine Freude oder es hat den Spielablauf (als zeitliche Serie von Handlungen/Ereignissen) nicht erfasst.
Im Rahmen einer Rhythmikstunde oder eines Ratespiels wird jeweils 1 Kind (oder auch mehrere) unter einem großen Tuch versteckt. Das Kind muss von anderen tastend identifiziert werden.	— Kind weigert sich, sich zudecken zu lassen. Sagt: „Das finde ich langweilig." — Kind verrät über seine „Ruhigstellung" oder Gekicher seine gespannte innere Erwartungshaltung, deckt sich jedoch immer wieder frühzeitig auf, noch bevor ein anderes Kind mit dem Tasten begonnen oder zu Ende getastet hat. — Kind lässt sich zudecken, zeigt aber beim Ertastet-Werden und/oder beim Aufdecken keine Freude.	— Keine Lust am Verstecken. — Lust am Versteckspiel ist erkennbar (und damit die notwendige Erwartungshaltung); es kann jedoch nicht abwarten, handelt impulsiv. (Die Impulsivität kann hier emotional oder neuropsychologisch begründet sein.) — Kind „macht halt mit" aus Anpassung, empfindet den Wechsel von An- und Entspannung jedoch nicht als Freude erzeugendes Spiel.
Rollenspiel:		Serialstufe mit geordnetem Handlungsablauf und Kombinationen von Handlungsschemata. Symbolstufe (Stufe der kognitiven Entwicklung, aufbauend auf der Serialstufe.)
Bauernhof In der Bauecke liegen Bauklötze, Tier- und Menschenfiguren, Autos, Traktor, Heuwagen, Eimer, Brunnen und ein bereits aufgestellter Bauernhof mit angrenzendem Weidezaun. Kind setzt sich in die Bauecke und sagt: „Ich spiel jetzt mit dem Bauernhof."	— Kind greift sofort ein Tier nach dem anderen, stellt es in den Weidezaun, ohne auf räumliche Anordnung zu achten. Tut dies so lange, bis kein Platz mehr zur Verfügung steht. Spricht nicht dabei. Spiel ist beendet, Kind steht auf und geht auf andere Materialien zu.	— Die vorhandene Zielvorstellung „Die Tiere müssen da rein" wird über das starre Handlungsschema „Hineinstellen" erreicht. Keine Variation, indem es z. B. ein Tier hineinlaufen lässt; auch keine Kombination verschiedener Handlungsschemata, z. B. indem es „hineinstellt", „melkt", „tränkt", „zusammentreibt" usw. oder die Tiere selbst in Aktion versetzt. Keine Belebung der Spielszene; der Symbolcharakter des Spiels fehlt. Also: kein Rollenspiel, sondern noch schematisches Spielverhalten. Da Kombinationen, Variationen und Belebung fehlen, ist das Kind rasch am Ende. Die Ausdauer ist dadurch eingeschränkt. Die fehlende sprachliche Begleitung des Spiels lässt eine mangelnde Vorstellungskraft vermuten. Das Chaos wiederum verweist auf seriale Störungen (Nichterfassen räumlicher Ordnung und Beziehungen). Dieses Kind ist für den Spielfortgang verstärkt auf Anregungen von außen angewiesen.

Situation / Tätigkeit des Kindes	Beobachtungen (Wie tut es das Kind? Wie verhält es sich?)	Interpretationen (Hinweise auf Störungen in...)
	— Kind stellt ein Tier nach dem anderen in den Weidezaun (wie oben). Die Tiere stehen dicht gedrängt, mehrere liegen auch „zu Haufen" übereinander. Das Spiel ist beendet, nachdem alle 24 zur Verfügung stehenden Tiere verwendet worden sind.	— Starre Serienbildung, die vom Anfang bis zum Ende durchgezogen werden muss; daher werden alle Tiere benutzt. Das Kind kann nicht an einer beliebigen Stelle innerhalb der Zahlenreihe abstoppen (also z. B. nur 11 Tiere auf die Weide führen, oft auch dann nicht, wenn ihm die Anzahl vorgegeben wird). Kein Ordnungsprinzip, kein Vorstellungsvermögen darüber, wie die Tiere innerhalb eines Weidezauns stehen könnten. Zusammengefasst: seriale Entwicklungsauffälligkeit mit mangelndem Vorstellungsvermögen. Weder variables noch kreatives noch belebtes Spiel, also auch kein Symbolspiel. Eingeschränkte Ausdauer.
	— Kind stellt ein Tier nach dem anderen in den Weidezaun. Tiere eines Bauernhofes (Kühe, Esel, Pferde, Ziegen, Hühner) werden mit Waldtieren (Rehe, Hasen, Fuchs) gemischt. Hund und Katze werden ebenfalls dazugestellt.	— Wie oben: Stereotypes Handlungsschema, kein variables oder kreatives Spiel und keine Symbolhandlung. Zusätzlich erkennbar: keine Kategorienbildung der Tiere (als sprachlich-kognitive Leistung der Klassifizierung über Oberbegriffe).
Als das Kind nach Aufstellung der Tiere das Spiel beenden möchte, reicht ihm die Erzieherin einen kleinen Eimer mit der Bemerkung: „Die Tiere haben alle Durst. Damit kannst du ihnen Wasser zum Trinken geben."	— Kind nimmt Eimer, stellt diesen wahllos (!) zwischen die Tiere und sagt: „Ja, die haben Durst." Steht auf und geht an einen Tisch, auf dem Legosteine liegen.	— Wiederholung des stereotypen Handlungsschemas „Hineinstellen" ohne Beachtung des Zweckes (Sinnzusammenhänge werden nicht registriert). Keine symbolische Spielhandlung, da es den Eimer nicht direkt vor ein Tier oder unter dessen Kopf stellt, damit es trinken kann. Das Kind erweitert das Spiel also nur bruchstückhaft um die von der Erzieherin angebotene Handlungssequenz. Spielfortgang wäre nur bei erneuter Anregung von außen – und dies immer wieder – möglich. Das Kind ist weder ablenkbar noch sprunghaft, es ist einfach „am Ende" seiner Spielmöglichkeit.
Puppenspiel mit Puppe, Plüschtier, Holzfiguren und ähnlichen Materialien	— Kind wäscht den Körper und die Haare der Puppe, zieht ihr Unterwäsche, Kleid und Schuhe an. Spricht selten zur Puppe; kommentiert allenfalls die Handlung wie z. B.: „Jetzt ziehe ich das Kleid an." Kind legt die Puppe zur Seite, nachdem diese Handlungen abgeschlossen sind.	— Kind übt die gelernten Handlungsschemata „Waschen und Anziehen" in geordneter Reihenfolge aus (= gute seriale Leistung); es zeigt aber nur ansatzweise das „So-tun-als-ob" und das Beleben der Puppe. Das Rollenspiel ist also erst in Ansätzen erkennbar; das Spiel ist hauptsächlich funktional. Auch fehlt die Kombination verschiedener gelernter Schemata wie z. B. anziehen + trösten + sich unterhalten. Die Serialstufe zeigt demnach zwar geordnete Abläufe, aber noch zu wenig Kombinationen und Variationen. Die Entwicklung auf dieser Stufe ist lückenhaft.

4. Auditive Wahrnehmung und Sprachentwicklung

Hören ist eine der wichtigsten Voraussetzungen für das Sprechenlernen. Daher wirken sich auditive Wahrnehmungsstörungen, die oft schwer erkennbar sind, auch auf die Sprachentwicklung aus.

Auditive Wahrnehmung – hören, lauschen, horchen, erkennen, verstehen – beginnt beim Ohr als Sinnesorgan, geht weiter über die Hörnerven zu den verschiedenen Hörzentren im Gehirn, wo die Verarbeitung der eintreffenden akustischen Signale stattfindet. Auditive Wahrnehmung als isolierte Sinnesleistung ist kaum beobachtbar. Bei auditiven Wahrnehmungsleistungen, wie z. B. das Lokalisieren von Geräuschen, das Unterscheiden von Geräuschquellen oder Lauten, sind stets taktil-kinästhetische und/oder visuelle, teils auch olfaktorische und gustatorische (Riechen und Schmecken betreffende) Wahrnehmungen mit eingebunden. Dies lässt sich allein schon aus dem kombinierten Bau der Sinnesorgane, Gehör und Gleichgewicht, ableiten. Gängige sprachliche Ausdrucksformen weisen ebenfalls auf Sinnesverknüpfungen hin, wie z. B. „knall-bunt" (auditiv-visuell) oder „angespannt hinhören" (taktil-kinästhetisch-auditiv).

Autoren wie Tomatis und Berendt betonen die fundamentale Bedeutung des Gehörs für die neurologische, emotionale und kognitive Entwicklung des Menschen, die schon wenige Wochen nach der Zeugung beginnt. Es sei hier auf den ausgezeichneten Überblicksartikel „Ich bin ganz Ohr" von Frank-Michael Hohler in ‚kindergarten heute' (1-2/93) verwiesen, der die tieferen Wurzeln und Bedeutungen des Gehörsinns und der auditiven Wahrnehmungsfähigkeit veranschaulicht.

Auditive Wahrnehmung und Sprachentwicklung
Das Gehör des ungeborenen Kindes nimmt ca. ab der 8. Schwangerschaftswoche Geräusche aus dem Mutterleib und der nächsten Umgebung auf. Der Herzschlag übermittelt dem Kind schon jetzt ein Rhythmusgefühl; der Sprechrhythmus und die Sprechmelodie der Mutter vermitteln erste Erfahrungen mit vorsprachlicher menschlicher Kommunikation.

Sofort nach der Geburt setzt sich die vorsprachliche Kommunikation zwischen Mutter und Kind fort über Mimik, Gestik und rhythmische Körperbewegungen, die die Sprache begleiten. René Spitz prägte für diese Urform der Kommunikation den Begriff des „Mutter-Kind-Dialogs", in dem beide Partner agierend und reagierend in Form von Widerspiegelung (Nachahmung) miteinander kommunizieren. Also auch das Neugeborene kann bereits nachahmen. In dieser Phase der Sprachentwicklung macht das Neugeborene Erfahrungen mit allen Sinnen gleichzeitig, wodurch sich intermodale Verknüpfungen aufbauen und sich ein Verständnis für Signale entwickeln kann.

Wenige Monate später beginnt das Kind zu „brabbeln". Es erzeugt noch undifferenzierte Laute, und sofern es diese hören kann, wird es über die auditiv wahrgenommenen Rückmeldungen dafür verstärkt. Taube Kinder beenden in dieser Zeit ihre aktive Sprachentwicklung, da die auditiv wahrgenommenen Rückmeldungen fehlen.

Wiederum wenige Monate später „schleicht" das Kind sich in die Sprachmelodie ein und gleicht die Plapperlaute Lautgebilden der Muttersprache an. Das Lallen weist jetzt Lautkombinationen auf, die wiederum zu Worten zusammengesetzt werden. Lallen stellt eine Nachahmungsleistung auf recht hohem Niveau dar, die intermodale und seriale (die zeitliche Abfolge betreffende) Wahrnehmungsleistungen erfordert. Sprachentwicklung beginnt somit weit vor dem „Plappern" und basiert auf Wahrnehmungsprozessen auf allen drei Entwicklungsstufen.

Modale Prozesse
Eine ungestörte auditive Wahrnehmung setzt die Intaktheit beider Gehörorgane, der Hörnerven und Hörzentren im Gehirn voraus. Diese sinnes- oder modalitätenspezifische Ebene der Wahrnehmung kann durch ein- oder beidseitige Schwerhörigkeit, Taubheit oder vorübergehende Erkrankungen beeinträchtigt sein. Wie Untersuchungen von Affolter zeigen, muss es hierbei zu keiner Störung der nächst höheren intermodalen und serialen Entwicklungsstufen kommen, wenn die anderen Sinnesmodalitäten voll funktionsfähig sind und zur Kompensation zur Verfügung stehen. Selbst ein völlig taubes Kind kann über die Kompensationen durch taktil-kinästhetische und visuelle Wahrnehmung zum Erkennen von Signalen und zu Nachahmungsleistungen gelangen. Dies ermöglicht ein Kommunizieren über Gebärden- und Schriftsprache, bei entsprechender Schulung sogar über verbale Sprache.

> **Bei auditiven Wahrnehmungsleistungen sind stets taktil-kinästhetische und/oder visuelle, manchmal auch olfaktorische oder gustatorische Wahrnehmungen mit eingebunden.**

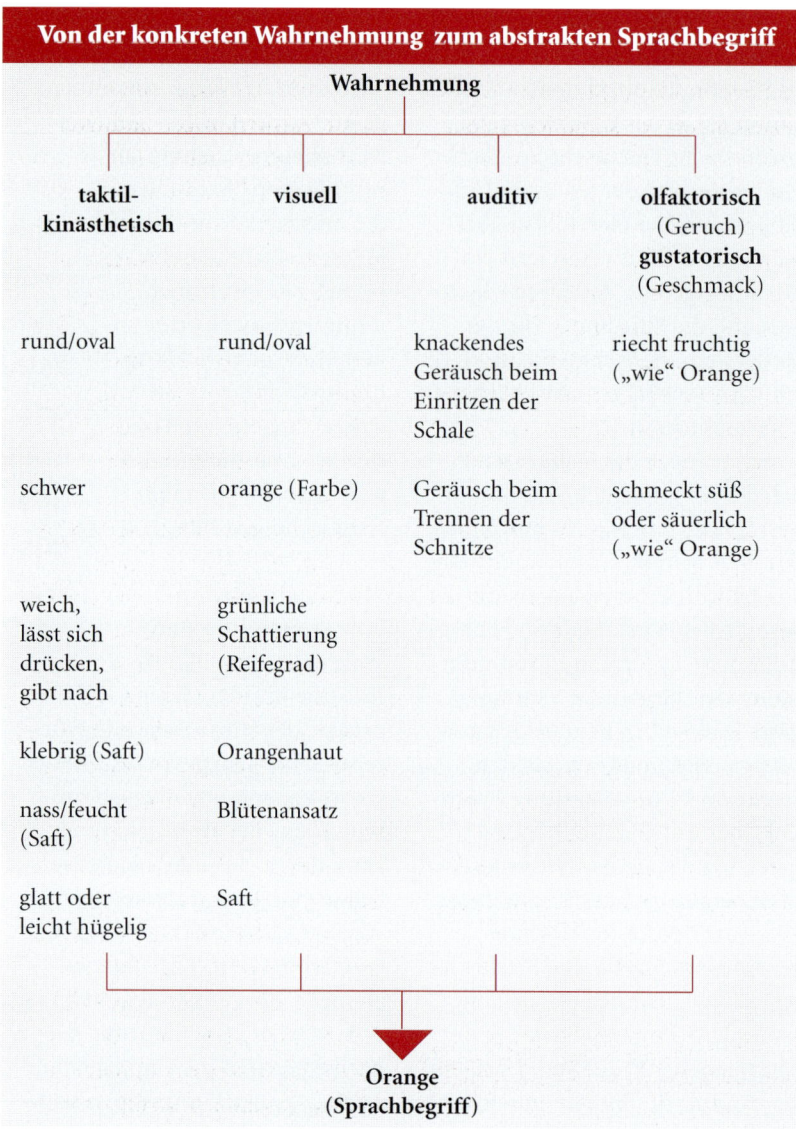

Von der konkreten Wahrnehmung zum abstrakten Sprachbegriff			
Wahrnehmung			
taktil-kinästhetisch	**visuell**	**auditiv**	**olfaktorisch** (Geruch) **gustatorisch** (Geschmack)
rund/oval	rund/oval	knackendes Geräusch beim Einritzen der Schale	riecht fruchtig („wie" Orange)
schwer	orange (Farbe)	Geräusch beim Trennen der Schnitze	schmeckt süß oder säuerlich („wie" Orange)
weich, lässt sich drücken, gibt nach	grünliche Schattierung (Reifegrad)		
klebrig (Saft)	Orangenhaut		
nass/feucht (Saft)	Blütenansatz		
glatt oder leicht hügelig	Saft		
Orange **(Sprachbegriff)**			

Damit wird schon deutlich, dass zum Erwerb von Sprache die auditive Wahrnehmung zwar dienlich, aber nicht unabdingbar ist. Die allgemeine und als oberflächlich zu bezeichnende Annahme, dass bei wahrnehmungsgestörten Kindern hauptsächlich die auditive Wahrnehmung für die gestörte Sprachentwicklung verantwortlich sei, trifft nur bedingt zu, denn – wie bereits erwähnt – haben auch andere Sinne „ein Wörtchen mitzureden".

Intermodale Prozesse

Passive wie aktive Sprache setzt die Verknüpfung mehrerer Sinnesmodalitäten (intermodale Stufe) voraus. Erst die sinnvolle Zusammenarbeit ermöglicht die im Beobachtungsbogen angeführten auditiven Leistungen. Von besonderer Bedeutung sind die taktil-kinästhetischen Leistungen, die z.B. das Orten von

Geräuschquellen oder auch das Verstehen von Worten in Koordination mit der auditiven Wahrnehmung ermöglichen.

Begriffe als abstrakte Sprachgebilde entwickeln sich aus dem Begreifen, einem Vorgang taktil-kinästhetischer Wahrnehmung. Über Verknüpfung der taktil-kinästhetischen Erfahrungen mit auditiven, visuellen, geruchlichen und geschmacklichen Erfahrungen kommt es zu den allumfassenden sprachlichen Begriffen. Das Schaubild links lehnt sich an die Theorie von Affolter an und soll diesen Begriffsbildungsprozess am Beispiel der Frucht „Orange" verdeutlichen.

Seriale Prozesse

Für viele der auditiven Leistungen, vor allem der sprachlich-auditiven Produktionen, ist die noch höhere Organisation der Verarbeitung der Informationen auf der Serialstufe notwendig. Das bedeutet: die Einordnung der Signale in eine zeitlich geordnete Reihenfolge.

Der Satz: „Marktplatz dem auf wir sangen gestern" ist erst nach einigem Überlegen und Umstellen der zeitlich geordneten Wortabfolge entschlüsselbar. Der Begriff „gestern" setzt zudem ein Zeitverständnis voraus. Zeitliche Reihenfolgen wie z.B. vorher – jetzt – nachher – zuerst – dann – später – zuletzt werden zunächst ganz real und über mehrere Sinneskanäle gleichzeitig erfahren, bevor sie als Sprachbegriff abstrahiert und gespeichert werden.

Die knapp 5-jährige Lisa beispielsweise umschrieb den Zeitbegriff „morgen" mit „dem Tag, wenn ich noch einmal geschlafen habe". Schlafen als etwas konkret Erfahrbares wird zur Sinnvermittlung herangezogen. Den Zeitbegriff „gestern" umschrieb Lisa mit „der Tag, an dem in der Nacht heute geworden ist". Die Nacht als visuell wie auch taktil-kinästhetisch (kühler, kalt, feucht) Wahrnehmbares dient auch hier der Sinnvermittlung. Die zeitliche Einordnung hat Lisa durchaus sinnvoll vollzogen, sie hat also ein zeitliches Verständnis, jedoch lässt die sprachliche Abstraktion (altersadäquat) noch zu wünschen übrig.

Seriale Leistungen sind ebenfalls erforderlich, wenn ein Kind Worte, Silbenreihen oder ganze Sätze erfassen und wiedergeben soll. Vorgesprochene Laute, Silben, Worte usw. müssen in der richtigen Reihenfolge aufgenommen, verarbeitet und gespeichert werden, um dann in der gleichen Reihenfolge in die Sprechmotorik übertragen werden zu können.

Seriale Leistungen auf hohem Integrationsniveau sind gefordert, wenn zeitliche oder räumliche Beziehungen über sprachliche Begriffe oder den Satzbau vermittelt werden. Die Aufforderung: „Wenn du damit fertig bist, dann komm bitte ins Bad" beinhaltet ein „vorher-nachher" und macht „Wenn-dann-Beziehungen" verständlich. In der Aufforderung: „Räume bitte die Spielsachen vom Tisch" steckt die räumliche Beziehung der Spielsachen zum Tisch. Im Satz: „Die Mutter wäscht die Tochter" und „Die Tochter wäscht die Mutter" vermittelt nur die zeitliche Ordnung der Worte beim Lesen den jeweiligen Sinn. An derartigen Beispielen wird deutlich, wie grundlegend die seriale Wahrnehmungsentwicklung sprachliche Prozesse bedingt.

Zum Beobachtungsbogen
Der Beobachtungsbogen konzentriert sich auf zwei Beobachtungsrichtungen:

◼ Auf auditive Wahrnehmungsstörungen im Allgemeinen und die Vielfalt ihrer Ausdrucksformen in verschiedenen Entwicklungsbereichen wie: emotionale Befindlichkeit, Aufmerksamkeit, Ausdauer, Konzentration, Lernen und Sozialverhalten.

◼ Auf Auswirkungen auditiver Wahrnehmungsstörungen speziell auf die Sprachentwicklung. Um Missverständnissen vorzubeugen, sei ausdrücklich darauf hingewiesen, dass Wahrnehmungsstörungen eine mögliche Ursache für Sprachentwicklungsstörungen sein können. Das Schaubild unten verdeutlicht die Komplexität im Überblick. Der Beobachtungsbogen begrenzt sich auf Folgen auditiver Wahrnehmungsstörungen für die Sprachentwicklung, oder umgekehrt betrachtet: Über bestimmte Auffälligkeiten in der Sprachentwicklung sind Rückschlüsse auf Verarbeitungsprozesse sinnlicher Erfahrungen zu ziehen.

Wahrnehmungsstörungen können Folge der im Schaubild in der rechten Spalte aufgeführten Ursachen sein oder auch aus völlig ungeklärter Ursache auftreten. Grundsätzlich kann, nach Affolter, davon ausgegangen werden, dass Auffälligkeiten in der Sprachentwicklung immer Auffälligkeiten in den Wahrnehmungsprozessen als verursachende Faktoren haben. Daher ist es sinnvoll, nicht rein auf sprachlicher Ebene zu fördern (z.B. Sätze nachsprechen, fehlende Worte einsetzen lassen), sondern an der Wurzel anzusetzen. Beispielsweise in Form eines taktil-kinästhetischen Wahrnehmungstrainings oder der Durchführung von Alltagshandlungen, Spielen und Beschäftigungen (unter Anleitung), die den Aufbau intermodaler und serialer Leistungen unterstützen.

Ursachen von Sprachentwicklungsstörungen

Wahrnehmungsstörungen
modale Stufe:
— taktil-kinästhetische Störung
— auditive Störung
— visuelle Störung

intermodale Stufe:
— taktil-kinästhetische-auditive Störung
— taktil-kinästhetische-visuelle Störung
— taktil-kinästhetische-auditiv-visuelle Störung

seriale Stufe:
— auditiv gesteuerte Wahrnehmungsprozesse höherer Art

Andere Ursachen
emotionale und soziale Störfaktoren; Mangel an Sprachangeboten

Schädigung von bestimmten Hirnzentren

genetisch bedingte Anomalien oder Defekte

Körperbehinderung

Intelligenzminderung; Sinnesbehinderung (Schwerhörigkeit, Taubheit)

Auditive Figur-Grund-Wahrnehmung

— Fähigkeit, aus einer Geräuschkulisse bestimmte Geräusche/Töne usw. herausfiltern zu können, z. B. Stimme der Erzieherin aus der Geräuschkulisse im Gruppenzimmer oder Fahrradklingel aus dem dröhnenden Straßenlärm.
— Ermöglicht Verstehen von sprachlichen Informationen und nicht sprachlichen Signalen, gerichtete Aufmerksamkeit, Ausdauer und Konzentration.

Situation / Tätigkeit des Kindes	Beobachtungen (Wie tut es das Kind? Wie verhält es sich?)	Interpretationen (Hinweise auf Störungen in ...)
Erzieherin liest Kindern eine neue Geschichte über einen neugierigen, gefräßigen Kater vor. Die Kinder sitzen im Stuhlkreis.	— Kind hört die ersten 5 Minuten gespannt zu. Fragt dann häufig dazwischen, z. B.: „Was hat der König mit ihm gemacht?", „Oh, wie kann ein Vater (statt Kater) so viele Mäuse fressen?" Schließlich sagt das Kind: „Die Geschichte ist aber langweilig." Es beginnt zu stören, indem es sich mit anderen Kindern unterhält oder diese schubst und herumkaspert.	— Störung in der Figur-Grund-Wahrnehmung: Kind muss sich besonders anstrengen, um die Stimme der Erzieherin und das Vorgelesene herausfiltern zu können. Es ermüdet daher schon nach wenigen Minuten. Durch die Ermüdung versteht es viele Worte und damit die Sätze nicht mehr. Der Sinn der Sätze wie der Geschichte insgesamt geht verloren. Es versteht nur noch „Bahnhof". Konzentration wie Motivation sind verloren, es beginnt sich zu beschäftigen mit Aktivitäten, die die anderen stören. (Keine Provokation, sondern Beschäftigung!)
	— Kind beachtet jedes Geräusch innerhalb und außerhalb des Raumes und sagt oder fragt etwas dazu, z.B. „Was ist das für ein Auto?", „Kommt meine Mama?"	— Störung in der Figur-Grund-Wahrnehmung: Kind kann die Stimme der Erzieherin nicht herausfiltern. Jedes Geräusch ist „gleichwertig" mit ihrer Stimme und wird daher sofort beachtet. Die gerichtete Aufmerksamkeit ist unmöglich; es zeigt sich eine erhöhte Ablenkbarkeit, die hier wiederum sehr störend auf die anderen wirkt.

Lautdiskrimination

— Fähigkeit, einzelne Laute (Konsonanten und Vokale) sowie Lautkombinationen unterscheiden zu können.
— Ermöglicht Verständnis von Worten und Sätzen.

Laura, Edith und Susanne spielen in der Puppenecke. Christine möchte mitspielen, Laura schickt sie weg. Erzieherin ruft: „Laura, lass Christine bitte mitspielen!"	— Laura reagiert nicht, spielt „einfach" weiter oder — Laura dreht sich zur Erzieherin um und fragt: „Welche Inge denn?"	— Störung in der Figur-Grund-Wahrnehmung: Laura kann wesentliche Informationen nicht aus der Geräuschkulisse herausfiltern. Sie hat also tatsächlich nichts gehört. — Störung in der Lautdiskrimination: Laura versteht einen klangähnlichen Namen und muss daher nachfragen. Das auditive Herausfiltern und Lokalisieren (woher die Stimme kommt) ist unauffällig.

Situation / Tätigkeit des Kindes	Beobachtungen (Wie tut es das Kind? Wie verhält es sich?)	Interpretationen (Hinweise auf Störungen in ...)
Erzieherin fordert ein Kind auf: „Hol mir bitte den Besen."	— Kind geht zur Bücherecke, holt ein Buch heraus und bringt dieses der Erzieherin.	— Störung in der Lautdiskrimination: Statt „Besen" versteht das Kind das klangähnliche Wort „lesen". Den sinnlosen Satz „Hol mir bitte den lesen" hat es in den sinnvollen Satz „Hol mir bitte was zu lesen" umfunktioniert. Aus Sicht der Erzieherin ergibt die Handlung des Kindes keinen Sinn. Sie fehlinterpretiert daher leicht: z. B. das Kind verstehe die Aufforderung nicht (als Intelligenzproblem oder mangelnder Wortschatz) oder es wolle nicht und provoziere (Motivationsproblem).
Kinder sitzen im Stuhlkreis. Erzieherin liest das Märchen vom „Gestiefelten Kater" vor.	— Kind stellt am Anfang noch Verständnisfragen oder fragt einfach nur: „Was?", „Wieso?". Fragt dann nicht mehr. Richtet seine auditive Aufmerksamkeit auf Geräusche, die von draußen kommen. Geht zum Fenster, um hinaussehen zu können. Erzieherin ermahnt es, sich wieder in den Kreis zu setzen. Kind antwortet missmutig: „Ich versteh ja doch nichts." Darauf erwidert Erzieherin: „Du musst nur aufmerksam zuhören!"	— Kind versteht sehr häufig nur klangähnliche Worte, wie z. B. „Vater" statt „Kater" oder „Zipfel" statt „Stiefel". Die ständig geforderte erhöhte Aufmerksamkeit ermüdet es, so dass es mit Fragen aufhört. Die Geschichte kann nicht mehr nachvollzogen werden, es langweilt sich. Es wird damit leicht ablenkbar. Die Erzieherin kann die Argumente des Kindes nicht nachvollziehen, überfordert es bzw. gibt ungerechterweise Ermahnung und Ratschlag, den das Kind beim besten Willen nicht befolgen kann.

Identifizieren von Geräuschquellen

- — Fähigkeit zu erkennen, welche Objekte welche Geräusche erzeugen.
- — Gewährleistet die körperliche wie die emotionale Sicherheit und ein situationsgerechtes Reaktionsvermögen; Erfahrungswissen spielt hier selbstverständlich eine große Rolle.

Erzieherin schaltet in der Kochecke den Quirl an.	— Kind kommt aufgeregt aus der Bücherecke gestürmt und fragt: „Was ist das?"	— Kind kann nicht erkennen, dass dieses laute Geräusch durch einen Handquirl erzeugt wird. Es hat daher (biologisch bedingt) Angst.
Im Gruppenraum fällt ein Stuhl um.	— Kind erschrickt übermäßig stark, dreht sich in die Richtung des umgefallenen Stuhles um, fragt: „Was war das?"	— Die Lokalisation des Geräusches gelingt, jedoch misslingt die Identifikation der Geräuschquelle. Selbst der am Boden liegende Stuhl, den es sieht, führt zu keinen Rückschlüssen darüber, was geschehen sein könnte. — Die große Schreckhaftigkeit ist auf die Schwierigkeiten der Identifizierung, die stark verunsichern, zurückzuführen.
Wasser läuft in das Spülbecken in der Kochecke.	— Kind hört dieses „neue" Geräusch im Gruppenraum. Schaut sich um, läuft im Zimmer umher, um zu erkunden, woher dieses Geräusch kommt. Fragt Erzieherin: „Wo läuft da Wasser?"	— Kind kann identifizieren, dass das Geräusch „fließendes Wasser" ist. Aber es kann nicht erkennen, dass es in ein Stahlbecken fließt, wodurch ein typisches Geräusch erzeugt wird. Auch scheint das Kind Probleme in der Lokalisation der Geräuschquelle zu haben.

Lokalisieren von Geräuschquellen

— Fähigkeit, den Ort bestimmen zu können, aus dem die Geräusche (in Bezug zum eigenen Körper) kommen, z. B. „hinter" oder „rechts seitlich" oder „über" einem.
— Ermöglicht rasches Reagieren auf Gefahrenquellen, rasches Reagieren auf Ansprache und richtige Reaktionen im sozialen Kontakt, emotionale Sicherheit, Orientierung im Raum und Straßenverkehr ganz allgemein. Auditives Lokalisieren ist eine intermodale Wahrnehmungsleistung.

Situation / Tätigkeit des Kindes	Beobachtungen (Wie tut es das Kind? Wie verhält es sich?)	Interpretationen (Hinweise auf Störungen in ...)
Kind ruft aus dem Flur einen Spielkameraden.	— Spielkamerad ruft fragend zurück: „Wo bist du?" Kind antwortet: „Hier." Spielkamerad ruft nochmals: „Wo hier?" Kind antwortet: „Im Flur." Spielkamerad geht in den Flur.	— Lokalisation von Geräuschquellen ist erschwert. Neben intermodaler Verarbeitungsstörung könnte diese Schwierigkeit auch organisch bedingt sein. Sehr häufig durch Flüssigkeit im Mittelohr (Paukenerguss) oder durch beidseitig verschiedene Hörfähigkeit.
Kind steht mitten auf dem gepflasterten Weg des Außengeländes des Kindergartens, ca. 20 m vom Haupteingang entfernt. Hinter ihm kommen 2 Kinder mit einem Bollerwagen angebraust.	— Kind reagiert ängstlich, schaut nach rechts und links, ruft nach Erzieherin, dreht sich plötzlich um und läuft eilig zurück zum Kindergarten. Es stößt so beinahe mit dem Bollerwagen zusammen.	— Kind kann die Geräuschquelle nicht orten. Durch die Lautheit und Charakteristik des Geräusches wird „Gefahr" signalisiert, was unweigerlich zu Angst führt. Die Angst wird verstärkt, da das Kind nach der ersten visuellen Orientierung die „Gefahr" nicht erfassen kann. Es gerät in Panik und versucht, sich in Sicherheit zu bringen, bringt sich aber gerade dadurch in Gefahr.

Bewegungs- und Richtungshören

— Fähigkeit festzustellen, dass sich eine Geräuschquelle bewegt, und in welche Richtung die Bewegung geschieht, z. B. ein Windrad, das sich dreht; eine Fahne, die flattert; ein Auto, das wegfährt; ein Zug, der in den Bahnhof einfährt; ein Fahrrad, das sich von hinten nähert. Richtungshören setzt meist die Fähigkeit zu lokalisieren voraus. Es basiert auf intermodalen Wahrnehmungsprozessen wie auch auf serialen (in zeitlicher Abfolge wahrgenommenen) Prozessen.
— Ermöglichen rasche Orientierung im Raum, emotionale und körperliche Sicherheit, Abschätzen von Geschwindigkeiten.

Situation / Tätigkeit des Kindes	Beobachtungen	Interpretationen
Kinder sitzen im Garten und vespern. Eine Biene fliegt an Sandra (von rechts nach links) vorbei.	— Sandra schreit: „Eine Biene!"; sie wendet den Kopf nach rechts, um die Biene auch sehen zu können, dies misslingt ihr. Sandra wird weinerlich, wehrt heftig mit Händen ab und dies immer noch, nachdem die Biene schon weit weg und nicht mehr hörbar ist.	— Identifizieren der Geräuschquelle und Lokalisation sind unauffällig. Aber das Richtungshören gibt zu wenig Informationen. Sandra hätte sonst hören müssen, dass die Biene vorbeigeflogen ist und keine Gefahr mehr besteht. Das visuelle Erfassen misslang ihr vermutlich deshalb, weil sich die Augen nicht synchron zu den auditiven Informationen (ständiger Entfernungswechsel) einrichten konnten.
Sandra steht auf dem Parkplatz und wartet auf die Mutter. In 10 m Entfernung von ihr steht ein Auto, dessen Motor schon seit einigen Minuten läuft. Jetzt fährt das Auto an.	— Sandra bleibt unbeirrt an der Stelle stehen. Es ist kein visuelles Orientierungsverhalten, auch keine Angstreaktion erkennbar.	— Sandra hat nicht bemerkt, d. h. auditiv erkannt, dass das Auto sich jetzt in Bewegung setzt und sie eigentlich der drohenden Gefahr ausweichen sollte.

Auditive Signale erkennen

— Fähigkeit, auditiv Wahrgenommenes in seiner Bedeutung zu erfassen. Z. B. kann das Gluckergeräusch einer geschüttelten Flasche bedeuten, dass es bald was zu trinken gibt; der rasselnde Schlüsselbund könnte vermitteln, dass jemand das Haus verlassen möchte; das Piepsen des Eierkochers zeigt an, dass die Eier fertig gekocht sind; das Glockenläuten könnte bedeuten, dass es 12 Uhr mittags ist oder bald ein Gottesdienst beginnt. Signale zu erkennen setzt ein Identifizieren voraus und beinhaltet komplexe intermodale und seriale Wahrnehmungsprozesse, da zeitliche Abläufe oder Wenn-Dann-Beziehungen erfasst werden müssen.
— Ermöglicht Umweltorientierung und Lernen sowie Kommunikation und hat großen Einfluss auf das Sozialverhalten.

Situation / Tätigkeit des Kindes	Beobachtungen (Wie tut es das Kind? Wie verhält es sich?)	Interpretationen (Hinweise auf Störungen in …)
Kind hat Durst, verlangt sofort nach dem eisgekühlten Tee im Kühlschrank. Erzieherin geht zum Kühlschrank, öffnet diesen, holt die Teekanne heraus. Kind sieht Erzieherin nicht, da es in der Spielhütte im Zimmer liegt. Die anderen Kinder befinden sich draußen.	— Kind ruft ungeduldig: „Wann holst du mir endlich den Tee?"	— Kind hat das Knacken der Kühlschranktür nicht als Signal (Kühlschrank wurde geöffnet und es gibt jetzt was zu trinken) identifiziert. (Voraussetzung ist natürlich eine Figur-Hintergrund-Wahrnehmung.)
Katja und Edith spielen Fangen. Katja eilt in den Toilettenraum und verriegelt die Toilettentür. Das Riegelgeräusch ist deutlich zu hören. Edith hat Katja gerade noch entwischen sehen.	— Edith eilt zur Toilettentür, drückt den Türgriff herunter, knallt mit ungebremster Wucht gegen die Tür, da diese verschlossen ist. Edith tut sich weh, schreit: „Mensch Katja, du blöde Kuh! Ich mach nicht mehr mit!"	— Edith hat – vorausgesetzt, sie hat gehört – die Bedeutung (= Tür ist verschlossen) nicht erfasst oder — Edith hat das Geräusch nicht wahrgenommen, weil sie in ihrer Aufmerksamkeit nur auf das Fangen eingestellt war. Das Geräusch wurde also ausgeblendet oder — Edith konnte das prägnante (hier bedeutsame) Geräusch nicht aus der allgemeinen Geräuschkulisse herausfiltern (Figur-Grund-Schwäche).
Bei heißem Sommerwetter sind Fenster und Türen des Gruppenraumes geöffnet. Ein Gewitter zieht auf, es windet stark. Die Fensterflügel schlagen gegen die Fensterrahmen, die Tür knallt zu.	— Kind geht zur Tür, öffnet diese wieder. Es wiederholt diese Tätigkeit, sooft die Tür erneut zuknallt. Kind erkennt nun die Sinnlosigkeit seines Handelns und sagt zur Erzieherin: „Die Tür soll offen bleiben!" Erzieherin sagt: „Die bleibt nicht offen, lass sie doch geschlossen." Kind reagiert ärgerlich, hält die Türe fest, so dass Erzieherin sie nicht schließen kann.	— Kind hat die beiden wahrnehmbaren Ereignisse „starker Wind" und „Türenknallen" nicht in Beziehung zueinander gesetzt. Oder umgekehrt, es hat das wiederholte Türenzuschlagen nicht als Signal für Wind oder Durchzug gedeutet. Es kann also aus der Erfahrung „Tür knallt immer wieder zu" nicht lernen und ist frustriert. Das Kind erscheint „dumm" und/oder rechthaberisch und/oder provozierend, aggressiv.

Situation / Tätigkeit des Kindes	Beobachtungen (Wie tut es das Kind? Wie verhält es sich?)	Interpretationen (Hinweise auf Störungen in ...)
Eine Kindergruppe geht zum Spielplatz, der auf der anderen Straßenseite liegt. Ein Mofafahrer nähert sich.	— Kind läuft sofort über die Straße, obgleich es das nahende Mofa gehört und gesehen hat.	— Kind hat die auditiven und visuellen Informationen nicht als „gefährlich" interpretiert.
Kind geht auf dem Bürgersteig. Hinter ihm klingelt ein Fahrradfahrer.	— Kind geht unbeirrt, ohne sich umzudrehen oder auszuweichen, weiter.	— Kind interpretiert die zu hörende Fahrradklingel nicht als „Warnsignal".

Rhythmus erfassen / Rhythmisieren können

— Den Rhythmus erfassen und Rhythmisieren zu können ermöglichen das Einschwingen in den Sprechrhythmus des Sozialpartners (wie dies das Neugeborene bereits kann) und das Übernehmen des Sprechrhythmus der Muttersprache. Außerdem werden Gedächtnisprozesse durch Rhythmisierung (Unterteilung in Gruppen) unterstützt.
— Rhythmisierung ist Grundvoraussetzung für Singen, Tanzen, Musizieren.
— Rhythmisierung unterstützt wesentlich das Zählenlernen und den Umgang mit dem Zahlenraum sowie den Prozess des Schreibenlernens und der Rechtschreibung (Gliederung in Silben).

Kinder sitzen im Kreis und klatschen das Lied mit, das die Erzieherin singt und mit der Gitarre begleitet.	— Kind klatscht mit, aber nicht synchron zum Takt. Hat „eigenen" Rhythmus. Bemerkt die Diskrepanz zur Vorgabe nicht, klatscht munter weiter.	— Die auditiv-motorische Koordination misslingt infolge der Schwierigkeit, den Rhythmus zu erfassen.
	— Kind klatscht nicht im Rhythmus, bemerkt Fehler, will sich dem vorgegebenen Rhythmus anpassen, gerät ins Stocken. Beendet das Mitklatschen, hört nur noch zu.	— Wie oben, jedoch hat dieses Kind mehr Gespür für Rhythmus. Es kann sich entweder den Rhythmus in der Abfolge nicht merken oder diesen nicht in die Motorik übertragen.
	— Kind klatscht nicht im Rhythmus, bemerkt Fehler, betont eigenen Rhythmus und versucht, die anderen zu übertönen. Kaspert herum, lacht laut.	— Dieses Kind versucht sich nicht anzupassen, sondern zu behaupten als Ausdruck eines Kompensationsversuchs seiner Schwierigkeiten, die es bewusst mitbekommt. Die Kompensationsversuche wirken störend.
Der Abzählvers „Ich und du / Müllers Kuh / und raus bist du" wird eingeübt und soll praktisch angewandt werden.	— Kind „leiert" Spruch monoton herunter, achtet auch nicht auf die zum Text und Rhythmus parallel auszuführende Gestik (auf das jeweilige Kind im Kreis deuten).	— Rhythmisierung misslingt vollkommen.
	— Kind versucht die Sprache zu rhythmisieren und die Gestik parallel auszuüben. Während der Sprechrhythmus mit den zugehörigen Pausen stimmt, gerät es mit der Gestik durcheinander.	— Kind ist mit der gleichzeitig geforderten Rhythmisierung von Sprache und Gestik überfordert (so genannte eingeschränkte Kanalkapazität).
Der Kindervers: „Eine kleine Dickmadam / fuhr mal mit der Eisenbahn / Eisenbahn die krachte / Dickmadam die lachte" soll nachgesprochen werden.	— Kind sagt: „Eine kleine Dickmadam..." stockt, denkt nach, fährt fort mit „...die krachte" und lacht.	— Text wurde nicht gespeichert, evtl. weil das Rhythmisieren nicht gelingt.
	— Kind sagt: „Eine kleine Dickmadam fuhr mit der Eisenbahn" (sozusagen in einem Atemzug). Gibt zu erkennen, dass der Vers damit beendet ist.	— Rhythmisierung wird nicht übernommen. Gedächtniskapazität ist eingeschränkt.

Seriale auditive sprachliche Leistungen

— Es sind hier nur die grundlegenden serialen Leistungen der Sequenzenbildung dargestellt.
— Sequenzenbildung gewährleistet die richtige Reihenfolge von Buchstaben/Silben/Worten oder von Ereignissen sowie deren Vollständigkeit.

Situation / Tätigkeit des Kindes	Beobachtungen (Wie tut es das Kind? Wie verhält es sich?)	Interpretationen (Hinweise auf Störungen in...)
Kind erzählt spontan vom Nikolaus.	— Kind sagt: „Ni-laus".	— Kind kürzt das Wort auf 2 Silben, d.h. die Sequenzenlänge ist noch nicht voll reproduzierbar.
	— Kind sagt: „Ni-las".	— Auch hier lässt das Kind eine Silbe aus; zusätzlich verändert es die 3. Silbe. Also auch innerhalb einer Silbe ist die Reproduktion mangelhaft.
	— Kind sagt: „Late-late-laus".	— Zwar richtige Silbenanzahl, aber die ersten beiden Silben sind völlig verändert. Dies entspricht dem Niveau eines zwei- bis dreijährigen Kindes.
Kind malt ein Haus. Kommentiert sprachlich, was es malt.	— Kind sagt: „Das ist das Dach-haus." Es meint „Hausdach".	— Vertauschung der Reihenfolge der einzelnen Wörter im zusammengesetzten Begriff „Hausdach".
	— Kind sagt: „Hier ist das „Zafschimmer". Es meint: „Schlafzimmer".	— Kind vertauscht innerhalb des langen Wortes einzelne Buchstaben. (Nur bedeutsam, wenn es kein üblicher Versprecher ist.) Es reproduziert die Buchstabensequenz fehlerhaft.
	— Kind sagt: „Da mal ich ein Feuerofen rein." Es meint: „Kaminfeuer".	— Vertauschung der Worte „Feuer" und „Ofen", zusätzlich nicht differenzierter Begriff („Ofen" statt „Kamin").
Kind wird aufgefordert, vom Ausflug in den Wald zu erzählen. Von den Vorbereitungen (Tee kochen, Kuchen backen, Rucksäcke packen) angefangen über die Ereignisse im Wald (dem Jäger begegnet, Picknick gemacht, Ameisenhügel beobachtet, Pilze gesammelt u. a. m.) bis hin zum Heimweg, auf dem ihnen Reiter begegnet waren. Das Kind, das erzählt, durfte sogar reiten.	— Kind erzählt: „Wir haben uns auf die Bank gesetzt. Dann sind wir auf den Jägersitz gegangen. Dann hat's gewittert. Der Kuchen hat geschmeckt. Dann ist Eva runtergefallen. Zuerst haben wir den Rückenbeutel gepackt. Dann sind wir auf den Jägersitz. Dann haben wir auf dem Weg Steine gesammelt, bis wir im Wald waren. Dann sind wir heim."	— Der chronologische Ablauf der Ereignisse ist durcheinander (z. B.: Der Kuchen wurde auf der Bank gegessen, noch bevor es gewittert hat. Eva fiel vom Hochsitz.) Begriffe sind unpräzise (oft kann man den Sinn der Erzählung nicht richtig erfassen, wenn man die Ereignisse nicht selbst erlebt hat). Die Sätze sind kurz und einfach strukturiert (Satzsequenz ist kurz, keine Nebensätze). Wesentliche Ereignisse fehlen (Unvollständigkeit).
	— Ein anderes Kind erzählt: „Das war toll im Wald. Ich hab viele Tiere gesehen. Da waren Ameisen und Affen. Die Affen haben mir am besten gefallen. Aber die Pferde auch."	— Kind bringt 2 Ereignisse zu unterschiedlichen Zeitpunkten durcheinander: den Ausflug in den Wald und den Zoobesuch die Woche zuvor. Die zeitliche Einordnung der Ereignisse misslingt.

5. Visuelle Wahrnehmung

In unserer visuell ausgerichteten Welt ist die Wahrnehmung mit den Augen von größter Wichtigkeit. Entscheidend dabei ist die Verarbeitung des Gesehenen im Gehirn.

Sehen, schauen, betrachten, ins Auge fassen, besichtigen, beäugen: Dies alles sind unterschiedlich intensive Wahrnehmungsprozesse, die verschiedene emotionale und motivationale Komponenten haben.

Sehen-Können, d. h., die dingliche und belebte Umwelt erkennen, identifizieren und unterscheiden, Bewegungen und Orte erfassen und sich selbst in dieser Welt bewegen und angemessen verhalten zu können: das alles erfordert ein hochkomplexes Seh-System. Nach Frostig und Reinartz (1977) wird unter visueller Wahrnehmung „die Fähigkeit verstanden, optische Reize aufzufassen, zu unterscheiden, mit früheren Erfahrungen zu verbinden und zu interpretieren" (in: A. und E. Reinartz und H. Reiser 1979, S. 10). Damit ist schon ausgedrückt, dass Sehen gelernt werden muss. Es kommt auf eine aktive Erarbeitung der Seh-Welt an, die insbesondere vom motorischen System abhängig ist. Für eine ungestörte Entwicklung visueller Wahrnehmungsprozesse sind noch viele andere Bedingungen erforderlich, auf die ich hier jedoch nicht näher eingehen möchte. Es sei lediglich auf die unabdingbare Voraussetzung einer beidäugigen und schielfreien Reizaufnahme hingewiesen, die im Laufe der ersten drei Lebensjahre den Aufbau der Gehirnstruktur zur räumlichen Wahrnehmungsfähigkeit ermöglicht.

Zur Psychologie des Sehens
Obgleich beim Neugeborenen die Augäpfel, die extra-okularen Muskeln und die Gehirnnerven noch nicht ausgereift sind, verfügt das Kind über erstaunliche visuelle Leistungen. Der gesamte Wahrnehmungsapparat ist so angelegt, dass Reize, die von Menschen ausgehen, bevorzugt verwertet werden. Das Neugeborene kann im Abstand von ca. 20 cm scharf sehen; es kann Blickkontakt halten (also fixieren), wenn auch noch etwas mühsam; es kann Bewegungen verfolgen (sofern es sich um menschliche Signale handelt); es kann Farben unterscheiden; es sucht mit den Augen Gegenstände, Formen, Bilder ab, zwar noch unbeholfen, aber es tastet bereits markante Punkte ab, und es bevorzugt komplexe Muster gegenüber einfachen.

Viele Leistungen sind also angeboren, zumindest in den Grundzügen, und werden nun durch die Reifungsprozesse und die fortschreitende motorische Entwicklung weiter ausdifferenziert. Durch die Verbindung des Sehens mit Tätigkeiten wie Greifen, Manipulieren, Besteigen, Betreten usw. entstehen die intermodalen Verknüpfungen auf neurophysiologischer Ebene; die schon recht komplexen visuo-motorischen Koordinationsleistungen treten auf. Durch ständiges Wiederholen der motorischen Aktivitäten in Koppelung mit dem Sehen, erlangt das Kind mehr Sicherheit, sich in der Welt zu bewegen und die Dinge immer differenzierter und rascher zu handhaben. Das Verhalten des Körpers wird sozusagen vom Sehen bestimmt, oder – umgekehrt betrachtet – das Sehorgan wird zum Verhaltensorgan.

Kein Wunder also, wenn Kinder mit visuellen Wahrnehmungsstörungen oftmals tollpatschig, ungelenk, unsicher und zurückhaltend sind. Aktivitäten wie Malen und Puzzle-Legen, gestaltender Umgang mit Legosteinen etc. treten zeitlich verzögert auf oder werden nicht „gut" ausgeführt. Treppen steigen, Treppen heruntergehen, das Benutzen der Rutschbahn, Bewegungen wie Schaukeln und Klettern werden eher gemieden oder mit großer Angst und Vorsicht ausgeführt.

In der serialen Phase der Wahrnehmungsentwicklung kommt es zu höheren Leistungen unter der Führung des visuellen Sinnessystems. Es handelt sich hierbei um Teilleistungen wie z. B.:

- visuelles Vorstellungsvermögen, das ein Denken in Bildern in Vergangenheit und Zukunft möglich macht
- visuelle Gedächtnisleistungen hinsichtlich Orten, Mengen, Farben, Bildern usw.
- Kreativität (ist abhängig vom Vorstellungsvermögen)
- geistige Kombinationsfähigkeit
- Erkennen von Zusammenhängen, von Unterschieden und Gemeinsamkeiten
- das Zergliedern eines Ganzen in Teilelemente und umgekehrt, das Erfassen des Ganzen aus seinen Teilen heraus (z.B. Puzzle-Legen)
- das Erkennen einer geordneten Reihenfolge (z.B. auf Fotos dargestellte Ausflugszenen oder Feierlichkeiten chronologisch ordnen)

Unter visueller Wahrnehmung versteht man die Fähigkeit, optische Reize aufzufassen, zu unterscheiden, mit früheren Erfahrungen zu verbinden und zu interpretieren.

- Reihenfolgen/Handlungsketten vollständig produzieren (z. B. sich anziehen, den Tisch decken) oder unvollständige Reihen ergänzen (z. B. fehlendes Besteck erkennen und auflegen)
- Unterstützung der Sprachentwicklung (z. B. sprachliches Verständnis)
- Unterstützung der Intelligenzentwicklung: So typische Denkstrategien wie Differenzieren, Analysieren und Synthetisieren setzen ein planvolles Vergleichen von Einzelheiten voraus (visuell, akustisch und taktil-kinästhetisch).

Wie alle Wahrnehmungsprozesse, so wird auch die visuelle Wahrnehmung von augenblicklicher Emotion und Motivation geleitet. Wir alle wissen, dass beispielsweise das, was wir sehen und hören wollen, auch wirklich bis ins Bewusstsein durchdringt. Speziell die visuelle Wahrnehmung wird zusätzlich von bestimmten Gestaltungsprinzipien beeinflusst, die aus der Gestaltpsychologie bekannt sind. Diese Gestaltungsprinzipien sind stark abhängig von Alter und Kultur.

Im folgenden Beobachtungsbogen habe ich eine Auswahl von visuellen Leistungen bzw. deren Störungen und möglichen Erscheinungsbildern getroffen.

Augenbeweglichkeit / Visuelles Verfolgen von Bewegungen		
Situation / Tätigkeit des Kindes	**Beobachtungen (Wie tut es das Kind? Wie verhält es sich?)**	**Interpretationen (Hinweise auf Störungen in...)**
Rhythmikreif mit rollender Kugel: Kind soll jeweils die Kugel anstoßen, wenn sie direkt an ihm vorbeirollt.	— Kind „verpasst" die Kugel regelmäßig, es reagiert viel zu spät mit der Hand.	— Augen-Hand-Koordination ist auffällig. Zwei mögliche neuropsychologische Gründe: 1) Die Übertragung der visuell wahrgenommenen Kugel in die Motorik geschieht verlangsamt. 2) Die Augen verfolgen die Kugel nicht kontinuierlich, sondern „hinken" in größeren Sprüngen hinterher (Störungen der Augenbeweglichkeit).
	— Kind bewegt den Kopf auffällig stark in Rollrichtung der Kugel mit.	— Augenbeweglichkeit ist eingeschränkt, so dass die Kopfdrehungen unbedingt notwendig sind, um die Kugel „im Auge behalten" zu können.
Kind spielt mit Kugelbahn, die am Ziel eine kleine Glocke erklingen lässt.	— Kind setzt die Kugel nicht gezielt ins Startloch, sondern muss dies länger probieren, obwohl es genau hinschaut.	— Augen-Hand-Koordination misslingt.
	— Kind setzt die Kugel zielsicher ins Startloch. Augen bleiben oben am Ausgangspunkt der rollenden Kugel „haften", verfolgen die Kugel also nicht. Die Augen „springen" jeweils eine Etage tiefer, wenn durch das Herunterfallen der Kugel von einer auf die nächste Etage ein lautes Klick-Geräusch entsteht.	— Augenbeweglichkeit ist eingeschränkt. Die auditive Wahrnehmung steuert die Motorik der Augäpfel, so dass jedesmal ein kurzfristiges Fixieren möglich ist. Überkreuzen der körpereigenen Mittellinie mit den Augen ist möglich, da sie sowohl nach rechts als auch nach links zum Beginn einer jeden Etage „springen" können.
	— Die Augen bleiben oben am Ausgangspunkt haften, „springen" in einem einzigen Schritt nach unten zum Endpunkt, wenn die Glocke ertönt.	
	— Die Augen des Kindes irren unsystematisch über die verschiedenen Etagen der Bahn.	— Störung der Augenbeweglichkeit.

Visuelles Verweilen

— Ermöglicht sich vielfach wiederholende Eindrücke, die sich besser speichern lassen (Gedächtnis).
— Erleichtert das Erfassen von Einzelheiten oder charakteristischen Punkten einer Form/Gestalt sowie das Vergleichen von Formen/Gestalten.
— Ermöglicht das Erfassen von Gesamtheiten (Überblick, ganzheitliches Erfassen) eines Bildes, Raumes oder eines Handlungsablaufs.

Situation / Tätigkeit des Kindes	Beobachtungen (Wie tut es das Kind? Wie verhält es sich?)	Interpretationen (Hinweise auf Störungen in...)
Bilderbuchbetrachtung	— Sören blickt nur kurz auf jede Seite, greift einen für ihn interessanten Ausschnitt oder Gegenstand heraus: Deutet auf den Laster, dem ein Rad fehlt. Sagt: „Der hat einen Platten." – Blättert dann sofort um.	— Die Verweildauer ist zu kurz. Sören sucht sogleich wieder nach neuen Reizen (Reizhunger) oder aber verweilt nicht, weil die Augen nicht genügend abtasten und ihm somit auch kein weiteres interessantes Detail „in den Blick" fallen kann.
Erzieherin macht das Fingerspiel „Das ist der Daumen, der schüttelt die Pflaumen ..." vor. Die Kinder sollen es anschließend nachahmen.	— Sören betrachtet die Hand- und Fingerbewegungen der Erzieherin bis zum Mittelfinger, wendet dann den Blick ab, sucht mit den Augen im Raum umher, wobei er den Kopf mitdreht. Durch kurze Aufforderungen der Erzieherin kann seine Aufmerksamkeit für wenige Sekunden wiedererlangt werden.	— Die Verweildauer ist viel zu kurz. Durch gezielte Aufforderungen oder Motivierungen kann Sörens Aufmerksamkeit immer wieder, jedoch nur für wenige Sekunden, erreicht werden.

Visuelle Figur-Grund-Wahrnehmung (F-G-W)

— Fähigkeit, aus einem belebten oder strukturierten Hintergrund die für die jeweilige Situation bedeutsamen Teilelemente herauszuheben, d. h. zur Figur zu machen. Nach Frostig beinhaltet die F-G-W „die Fähigkeit, sich jeweils auf den wichtigsten Reiz zu konzentrieren".

Einzelarbeit: Bilderbuchbetrachtung „Das Leben auf dem Bauernhof". Erzieherin fragt das Kind: „Wo ist der Hofhund? Zeig ihn mir bitte."	— Sarah bemüht sich sehr, braucht auffallend lange, bis sie den Hund entdeckt hat und zeigt.	— Die F-G-W ist nur verzögert möglich. Entweder ist das visuelle Abtasten des Bildes durch eine Augenbeweglichkeitsstörung beeinträchtigt und/oder die zentrale Verarbeitung der eintreffenden Impulse ist verlangsamt.
	— Karin findet den Hund nicht auf Anhieb. Sie möchte sofort und ganz ungeduldig umblättern. Erst nach mehrmaligen Aufforderungen, doch den Hund zu suchen, schaut sie genau hin und findet ihn auch.	— Kein systematisches Suchen (als kognitive Strategie), kein Verweilen; evtl. als Folge eines Misserfolgserlebnisses oder als Ausdruck einer Wahrnehmungsentwicklungsstörung.
	— Martin findet den Hund nicht, deutet wahllos auf verschiedene Tiere, lacht dabei.	— F-G-W misslingt. Martin „weiß" um seine Fehler, überspielt die Situation.
Erzieherin gibt jetzt den Hinweis, dass Hofhunde meist „große Hunde" oder „Schäferhunde" sind.	— Sarah erfasst den Hund jetzt wesentlich schneller, aber immer noch etwas verzögert. — Karin entdeckt den Hund jetzt rasch. — Martin kann den Hund immer noch nicht herausfiltern.	— Bei Karin und Sarah hilft die visuelle Vorstellung (= Schäferhund als bekanntes Tier), die geforderte Figur rascher herauszufiltern. — F-G-W misslingt.

Situation / Tätigkeit des Kindes	Beobachtungen (Wie tut es das Kind? Wie verhält es sich?)	Interpretationen (Hinweise auf Störungen in ...)
Erzieherin erklärt Martin, dass Hofhunde meist irgendwo, ganz faul, draußen im Hof liegen. Erzieherin umfährt mit dem Finger den Hofbereich.	— Martin sucht jetzt gezielt diesen Bildausschnitt ab. Der Blick bleibt am Traktor hängen. Er sagt: „Ich bin auch schon mal Traktor gefahren. Mit meinem Opa!" Erzieherin fordert Martin auf, weiter nach dem Hund zu suchen. Martin entdeckt jetzt die Katze, die den Hof überquert. Er erzählt nun von seiner Katze.	— Durch die Eingrenzung des Bildausschnitts müssen die Augen nicht so viel Fläche auf einmal und so viele Einzelheiten abtasten. Martin filtert jetzt für ihn subjektiv bedeutungsvolle Objekte heraus (von Motivation geprägte Verarbeitungsprozesse). Die Konzentration auf die geforderte Figur (= Hund) geht verloren (visuelle Ablenkbarkeit oder das Kind verliert sich in unangemessenen Aktionen).
Erzieherin fordert Martin auf, mit dem Finger den Hund zu suchen und ihn zu erschrecken.	— Martin entdeckt so schließlich den Hund.	— Der abtastende Finger hilft, die Konzentration wie auch die Augenbewegungen beim Abtasten des Bildes zu unterstützen. Auch wird die Motivation, den Hund zu suchen, durch die für ihn reizvolle Aufgabe (erschrecken) erhöht, was ebenfalls der Konzentration dienlich ist.

Visuelles räumliches Orientierungs- und Vorstellungsvermögen

— Visuelle räumliche Orientierungsfähigkeit entwickelt sich auf der Basis von taktil-kinästhetischen Erfahrungen in der Verknüpfung mit visuellen Reizen. Durch konkrete Erfahrungen mit dem eigenen Körper in seiner Stellung im Raum und der räumlichen Beziehung von Dingen in Bezug zum Körper sowie dem Körperbewusstsein erfassen wir intuitiv „oben-unten", „vorne-hinten", „rechts-links" usw. Räumliche Orientierungsfähigkeit prägt stark das Verhalten und Denken, vor allem spätere Leistungen wie Rechnen, Schreiben, Lesen.

Kind malt ein Männchen.	— Tim malt Körperteile an die falsche Stelle; der Mund liegt beispielsweise über der Nase oder die Beine liegen zwischen Kopf und Bauch oder die Arme sind am untersten Teil des Bauches angesetzt.	— Vermutlich ist das Körperbewusstsein mangelhaft entwickelt. Das Kind kann so nicht zur Vorstellung über das „Wo" der Körperteile in Bezug zueinander gelangen.
Kind malt ein Haus mit Kamin, Fenstern und einer Haustür mit großem Griff.	— Der Türgriff wird in die rechte obere Ecke der Türe gemalt. — Der Schornstein sitzt auf einer Hauswand statt auf dem Dach. — Ein Fenster wird sogar außerhalb des gemalten Hauses platziert.	— Die Vorstellung davon, wo sich die einzelnen Elemente am Haus oder der Tür befinden, weist erhebliche Schwächen auf.
Mehrere Kinder bauen eine Höhle oder Hütte mit Polsterteilen, Matratzen, Bettlaken, Seilen und Wäscheklammern; Tim ist dabei.	— Die Kinder (Tim schaut nur zu) legen eine Matratze mit der Längsseite an der Wand entlang auf den Boden. Tim hebt sie hoch und stellt sie hochkant an die Wand, sie fällt jedoch wieder zu Boden, da sie zu steil stand. Tim macht den gleichen Fehler nochmals, schließlich lässt er sie liegen.	— Tim hat eine Vorstellung davon, „eine Wand" zu bauen. Er kann jedoch zwischen Wand und Matratze nicht den richtigen Bezug herstellen, d. h. diese in einem leichten Winkel an die Wand lehnen.
Hans fordert Tim verbal und gestisch dazu auf, Tücher für das Dach herbeizuholen.	— Tim holt die Bettlaken aus der Truhe. Er greift ein Tuch, wirft es über die rechte Seitenwand, ohne auf Länge und Breite des Tuches zu achten.	— Tim hat nicht nur ein mangelndes Vorstellungsvermögen von Längen- und Breitenverhältnissen der Gegenstände. Er hat vermutlich auch kein Bewusstsein vom Unterschied zwischen Länge und Breite.

Visuo-motorische Koordination (intermodaler Wahrnehmungsprozess)

- Fähigkeit, gleichzeitig visuelle Wahrnehmungsprozesse mit taktil-kinästhetischen (motorischen) Wahrnehmungsprozessen koordiniert zu vollziehen. Dabei werden die Bewegungsabläufe meist vorwiegend durch die visuellen Informationen (in komplexen Rückmeldeschleifen) gesteuert.
- Ermöglicht gezielte und sichere Bewegungsabläufe.

Zwei Kinder stehen sich gegenüber. Sie sollen sich einen Ball direkt zukicken.	— Erich fixiert den Spielpartner genau, schießt den Ball jedoch weit neben den Partner.	— Die Augen-Fuß-Koordination misslingt, so dass die Bewegungsrichtung nicht zielgenau erfolgen kann.
An einem Strich entlangschneiden	— Erich weicht beim Schneiden immer wieder erheblich vom Strich ab, setzt Schere jedoch wieder neu auf dem Strich nach und korrigiert so. — Astrid bemüht sich, während der ersten 2-3 cm der Linie direkt darauf zu schneiden. Sie hat große Mühe, weicht erheblich ab, setzt Schere nicht korrigierend nach, sondern schneidet weiter. Entfernt sich immer mehr vom Strich; schließlich schneidet sie „ihre eigenen Wege", ohne den Strich zu beachten.	— Visuo-motorische Koordination gelingt bei dieser – auch motorisch schwierigen Tätigkeit – noch nicht gut. Er bemerkt die Abweichung und kann richtig korrigieren. — Erhebliche visuo-motorische Koordinationsstörung. (Der rein motorische Ablauf, nämlich die Hand-Hand-Koordination, sowie der rasche Wechsel von Auf- und Zudrücken der Schere gelingt ihr schon automatisch. Das Misslingen weist auf eine Störung in der intermodalen Entwicklungsstufe hin.)
Freispiel im Gruppenraum und Flurbereich. Im Flur steht ein Bollerwagen.	— Peter stößt sich häufig an den Tischkanten oder Stühlen, obwohl genügend Platz zum Ausweichen vorhanden ist. — Peter eilt durch den Flur und bleibt mit einem Fuß an einem Rad des Bollerwagens hängen, so dass er zu Boden fällt.	— Peter verwertet die visuellen Informationen über die Hindernisse nicht rasch genug in Kooperation mit seiner (Grob-) Motorik.

Visuo-motorische Übertragung (intermodale und seriale Wahrnehmungsprozesse)

- Fähigkeit, visuelle Wahrnehmungen in die Motorik zu übertragen, wobei die visuellen Informationen den motorischen Handlungen zeitlich vorgeschaltet sind.
- Ermöglicht Lernprozesse wie Nachahmungsleistungen und Signal-Lernen.
- Ermöglicht nonverbale Kommunikation und Interaktion, z. B. Befolgen von gestisch vermittelten Anweisungen.
- Ermöglicht rasche Reaktionsfähigkeit hinsichtlich Veränderungen/Informationen aus der Umwelt.

Die Erzieherin zeigt den Kindern, wie man aus Papier einen Drachen faltet.	— Martin hat zwar genau aufgepasst, kann jedoch keinen einzigen Teilschritt des Faltens nachvollziehen.	— Die Nachahmungsleistung (in Form einer visuo-motorischen Übertragung) misslingt. Vielleicht hat er auch die Abfolge der Teilschritte (als seriale visuelle Leistung) vergessen, so dass er – im Bewusstsein dessen – gar nicht erst damit anfängt.
Während die Erzieherin ein Bewegungslied vorsingt und gleichzeitig die Bewegungsmuster vormacht, sollen die Kinder die Bewegungen nachahmen.	— Martin beherrscht ganz einfache Bewegungsmuster, wie z. B. mit den Armen einen großen Kreis als Zeichen für die Sonne bilden. Komplexere Bewegungsmuster, wie z. B. „Wellen" durch koordinierte Schlängelbewegungen der Arme bei leicht nach vorn gebeugtem Oberkörper, kann er nicht nachahmen.	— Die Übertragung der visuell wahrgenommenen Bewegungsabläufe gelingt, sofern es sich um relativ einfache Nachahmungsleistungen handelt. — Die Übertragung misslingt bei Bewegungsabläufen, die eine höhere Körperkoordination und/oder seriale Abläufe erfordern.

6. Aufmerksamkeit und Konzentration

Wenn sich ein Kind nicht hin und wieder ausdauernd und intensiv beschäftigen kann, sollten Eltern und ErzieherInnen aufmerksam werden.

Wahrnehmungsstörungen haben auch Auswirkungen auf Aufmerksamkeits- und Konzentrationsvermögen. Es geht dabei hauptsächlich um Störungen der Wahrnehmungsentwicklung, die die Fähigkeit zur Reizselektion, die Figur-Hintergrund-Wahrnehmung und die serialen Wahrnehmungsprozesse betreffen. Selbstverständlich können Konzentrationsstörungen viele andere Ursachen aufweisen, auf die hier jedoch nicht näher eingegangen wird. Die im Folgenden dargestellte übergeordnete Theorie zur Konzentration soll die Einordnung der Wahrnehmungsanteile und der im Beobachtungsbogen herausgegriffenen Aspekte erleichtern.

Aspekte von Konzentration

In der Psychologie gibt es bezüglich der Beschreibung von Konzentration unterschiedliche Standpunkte, die eine einheitliche und allumfassende Definition unmöglich machen. Konzentration wird üblicherweise unter drei großen theoretischen Gesichtspunkten betrachtet: der Selbstkontrolle und Willenshandlung, der Reizselektion und der Aktivierung des Zentralnervensystems. Ergänzend hierzu möchte ich hier die serialen Wahrnehmungsprozesse bzw. die seriale Merkfähigkeit als besonderen Aspekt hinzunehmen.

Selbstkontrolle und Willenshandlung

Bei diesem Aspekt handelt es sich um eine gerichtete Aufmerksamkeit, die in Abhängigkeit von der Fähigkeit zur Selbststeuerung und dem Willen mehr oder minder gelingt. Zur Selbstkontrolle zählen die beiden wesentlichen Formen

der Informationsverarbeitung (so genannte kognitive Denkstile), nämlich Impulsivität und Reflexivität.

Ein Kind, das impulsiv handelt, geht, ohne lange zu überlegen, vorschnell an eine Aufgabe heran. Oder es kann nicht abwarten, bis es an der Reihe ist. Oder es beginnt bereits mit dem Nächsten, ohne das Begonnene zu Ende geführt zu haben, und anderes mehr. Leichtsinnsfehler, Regelverstöße im sozialen Kontakt und Fehler, die durch ein „Vergessen" der Anwendung von bekannten Regeln zustande kommen, sind häufig.

Ein typisches Beispiel für „Regelvergessen" stellt das Verhalten der „unordentlichen" Martina dar: Ganz gleich, was Martina tun möchte, sie räumt die Dinge, die auf dem Tisch liegen, nicht zuvor weg. Völlig ungeachtet der Gegenstände legt sie beispielsweise den Malblock einfach darauf und beginnt sofort zu malen. Die Erzieherin ermahnt sie jedes Mal, doch erst den Tisch leer zu räumen. Martina beantwortet dies mit einem gereizten: „Weiß ich doch."

Die so genannte Arbeitshaltung ist also nicht nur von der Motivation, Erziehung usw. abhängig, sondern auch von der Fähigkeit zur Selbstkontrolle. Diese ist uns angeboren und überdauert zeitlich die verschiedenen Altersstufen. Impulsiv handelnde Kinder werden beschrieben mit Begriffen wie „unkonzentriert", „hektisch", „chaotisch", „ungeordnet", „unordentlich" u. a. m. Im Gegensatz zum impulsiven Kind geht ein

reflexiv handelndes Kind bei Aufgabenstellungen oder in sozialen Problemsituationen anders vor: Es überlegt zunächst, überdenkt die Lage, reflektiert Lösungsalternativen, geht planvoll, systematisch und geordnet vor. Es würde folgerichtig als „Kind mit guter Konzentrationsfähigkeit" beurteilt.

Die Fähigkeit zur Selbststeuerung setzt u. a. zwei grundlegende Wahrnehmungsprozesse voraus:
1. Die Fähigkeit zur situationsangemessenen Reizselektion und
2. eine weitgehend ungestörte, altersangemessene seriale Wahrnehmungsentwicklung.

Reizselektion und Figur-Hintergrund-Wahrnehmung

Wahrnehmung ist immer ein aktiver Prozess der Verarbeitung der im Zentralnervensystem (ZNS) eintreffenden Sinnesreize. Einer der Verarbeitungsprozesse besteht im Herausfiltern (Selektion) von Reizen, die momentan unwichtig und uns daher nicht bewusst sind.

Gleichzeitig beinhaltet der Selektionsprozess das Herausheben von Reizen, die für die Situation sehr bedeutungsvoll sind und die uns dann bewusst werden. Wir sprechen in diesem Fall auch von Figur-Grund-Wahrnehmung. Diese ermöglicht uns z. B., dass wir einen Redner in einem voll besetzten Raum mit hoher Geräuschkulisse (= Hintergrund) hören und verstehen können. Die gesprochenen Worte sind akustische Reize, die aus der Vielzahl anderer akustischer

Die Fähigkeit zur Selbststeuerung setzt die Fähigkeit zur situationsangemessenen Reizselektion und eine weitgehend ungestörte seriale Wahrnehmungsentwicklung voraus.

Reize (Geräuschkulisse), aber auch anderer visueller und (eigener) taktil-kinästhetischer Reize herausgefiltert werden. Ist die Figur-Grund-Wahrnehmung geschwächt, bedarf es erhöhter Aufmerksamkeitsleistungen, die zu rascher Ermüdung führen. Die Konzentrationsspanne ist dadurch herabgesetzt.

Die Reizselektion ist unabdingbare Voraussetzung für:
- zielgerichtete Aufmerksamkeit
- längerfristige gelenkte Aufmerksamkeit und
- sinnvolles Erfassen/Verstehen von akustischen, optischen und taktil-kinästhetischen Reizen.

Aussagen über Kinder mit Filterschwächen könnten beispielsweise sein: unkonzentriert, träumerisch, in sich versunken, kann das Wesentliche nicht vom Unwesentlichen unterscheiden, verliert rasch den Faden, verliert rasch das Interesse, ist unruhig, reizüberflutet, überdreht.

Jede Aufmerksamkeitsleistung ist abhängig vom Grad der Aktivierung bestimmter Hirnregionen.

Aktivierung

Jede Aufmerksamkeitsleistung ist abhängig vom Grad der Aktivierung bestimmter Hirnregionen. Die qualitativ besten (Konzentrations-) Leistungen werden bei mittlerem Aktivierungsniveau erzielt. Ist es zu niedrig, wie z. B. bei Langeweile, Unterforderung, fehlender Motivation, oder zu hoch, wie z. B. bei Überforderung, Bestrafungs- und Versagensängsten, ist die Leistung geringer, Konzentrationsfehler sind häufiger. Neuropsychologische Forschungen haben gezeigt, dass bei einem Teil der unruhigen, so genannten erethischen Kinder, Stoffwechselstörungen in bestimmten Hirnregionen das Aktivierungs-

niveau zu niedrig halten. Die zunächst paradox erscheinende Behandlung unruhiger Kinder mit aktivierenden Mitteln kann daher hilfreich sein. Das Aktivierungsniveau des ZNS ist von einer Vielzahl unterschiedlicher Faktoren abhängig, z. B. von der physischen und psychischen Befindlichkeit, dem Gesundheitszustand, der Motivation und nicht zuletzt der Wahrnehmungsentwicklung. Kinder mit Störungen im Aktivierungsniveau wirken oft unruhig, hektisch, unkonzentriert-zerfahren, stürmisch oder eher wenig ausdauernd, rasch ermüdbar und im Denken und Handeln etwas verlangsamt.

Seriale Wahrnehmungsprozesse

Seriale Wahrnehmungsprozesse als dritte Stufe innerhalb der von Affolter beschriebenen Entwicklungsabläufe der primären Wahrnehmungsprozesse ermöglichen u. a. folgende Leistungen:
- eine zeitliche Einordnung von Reizabfolgen wie beispielsweise das Erfassen von Tages- und Jahreszeiten oder das Verständnis sprachlicher Zeitbegriffe wie „vorher", „abends", „mittags", „gestern".
- eine Handlungskette geordnet und vollständig zu vollziehen wie z. B., sich richtig anzuziehen, den Tisch vollständig zu decken, ein Ereignis chronologisch richtig zu erzählen, etwas vorausplanend zu überdenken oder zu tun (z. B. alle Materialien für ein Bastelwerk zusammenzusuchen, den Turnbeutel zu richten usw.).
- rasche Speicherung von Erfahrungen und Lerninhalten; erst wenn Zusammenhänge erfasst werden oder ein Sinn erkannt wird, ist die kurz- und langfristige Speicherung möglich.

- sich etwas vorstellen zu können; Phantasie zu haben.

Für den oben beschriebenen reflexiven Denkstil ist die Serialstufe, die ja erst ein Überdenken, planvolles Vorgehen usw. beinhaltet, eine wichtige Voraussetzung. Seriale Störungen aller Art können verschiedenste Ausdrucksformen von Konzentrationsschwäche bedingen. Kinder mit serialen Störungen wirken oft unkonzentriert, wenn sie durcheinander erzählen, wenn sie Aufträge nicht erfassen oder Teile vergessen. Sie sind wenig ausdauernd im Spiel und bei Beschäftigungen, da sie aus Mangel an Vorstellungsvermögen und Phantasie rasch das Interesse verlieren oder wirklich nicht weiterwissen. Diese Kinder wirken oft sprunghaft, wenig bei der Sache und werden auch als ablenkbar bezeichnet.

Fassen wir zusammen: Konzentration ist ein aktiver, zielgerichteter Verarbeitungsprozess, der die Aspekte der Selbstkontrolle, der Reizselektion, der Aktivierung und der serialen Wahrnehmungsfähigkeit beinhaltet. Bei Auftreten von Konzentrationsschwächen ist es demzufolge sinnvoll, die Teilaspekte näher abzuklären. Erst aus der psychologischen Differenzialdiagnostik können dann gezielte Hilfestellungen in Alltagssituationen und spezielle Fördermaßnahmen abgeleitet werden.

Reizselektion / Figur-Grund-Wahrnehmung

Situation / Tätigkeit des Kindes	Beobachtungen (Wie tut es das Kind? Wie verhält es sich?)	Interpretationen (Hinweise auf Störungen in…)
Erzieherin und Kinder stehen am Straßenrand an einer Fußgängerampel. Erzieherin erklärt, wie sich die Kinder zu verhalten haben und wie die Ampel funktioniert.	— Nadja hört interessiert zu, schaut Erzieherin an. Ab dem 3. Satz der Erzieherin fragt sie oft dazwischen, wobei die Fragen sinnvoll sind und zum Thema gehören. Noch mitten in den Erklärungen wendet sie sich ihrer Nachbarin zu und fragt: „Weißt du, wie das geht?" Das Mädchen zuckt mit den Schultern, lässt sich weiter nicht stören. Nadja dreht sich jetzt zu Sören um, der hinter ihr stehend Martin Witze erzählt. Nadja lacht mit.	— „Konzentrationsstörungen" auf Grund einer auditiven Figur-Grund-Wahrnehmungsschwäche. Das Zuhören strengt Nadja an; sie muss sich aktiv darum bemühen, das Gesprochene aus der Geräuschkulisse des Verkehrs herauszufiltern und damit zu verstehen. (Daher die häufigen Fragen, die ja durchaus Interesse bezeugen.) Da Nadja keine Antwort von ihrer Nachbarin erhält, verliert sie so den Anschluss. Der Sinn geht verloren, damit auch das Interesse.
Erzieherin ermahnt: „Nadja, pass doch bitte auf! Würdest du zuhören, müsstest du nicht ständig fragen."	— Auf die Ermahnung reagiert sie nur kurz, indem sie für ca. 10 Sekunden wieder der Erzieherin zuhört. Dann geht sie zu Anne, die ganz hinten steht, und zeigt ihr die Steine, die sie in der Hosentasche hat.	— Nadja ist zwar willig, kann jedoch nur für kurze Zeit wieder zuhören. Entweder ermüdet sie wieder rasch in der Selektionsfähigkeit oder sie verliert das Interesse auf Grund der Verstehensschwierigkeiten. Sie sucht eine andere Betätigung. (Sie ist also weder ablenkbar, noch stört sie gerne, noch will sie sich in den Vordergrund rücken und Aufmerksamkeit erlangen – wie dies vielleicht fehlinterpretiert werden könnte.)
Erzieherin ruft die Kinder und fordert sie auf, nach draußen zum Spielen zu kommen. Timo und Stefan haben noch 3 Tassen zu spülen.	— Timo spült weiter, als hätte er nichts gehört. (Keine erkennbare Aufmerkreaktion!) Stefan dreht sich kurz zur Erzieherin um, trocknet die restlichen 3 Tassen ab. Dann eilt er in den Garten zu den anderen. Timo schaut sich orientierend um. Erst als er die anderen Kinder im Garten erblickt, geht er ebenfalls nach draußen.	— Timo wird von den ErzieherInnen auf Grund vieler solcher Beobachtungen als „in sich versunken" und „träumerisch" beschrieben. Dieses Erscheinungsbild ist durch eine Schwäche in der Reizselektion (Figur-Grund-Störung) bedingt. Selbst der neue prägnante Reiz erregt nicht die Aufmerksamkeit bzw. wird nicht zur Figur. Stefan dagegen gelingt dieser Wechsel in der Aufmerksamkeits-Fokussierung gut. Timo muss sich visuell die nötigen Informationen holen, da die akustischen nicht bis in sein Bewusstsein gelangten.
(Erzieherin sagt kurz vor der Verabschiedung: „Hört mal alle her: Morgen müsst ihr kein Vesper mitbringen. Ich habe Geburtstag und werde einen Kuchen für alle mitbringen.")		
Timo bringt jedoch am nächsten Tag sein Vesper mit. Erzieherin fragt: „Timo, hast du das gestern nicht gehört? Ich hab' euch doch gesagt, dass es heute Kuchen gibt."	— Timo antwortet: „Nein …? Hast du das heute gesagt?"	— Schwäche in der Figur-Hintergrund-Wahrnehmung; Timo hat daher die Information nicht mitbekommen. Evtl. zusätzlich seriale Wahrnehmungsschwäche, worauf die Unsicherheit in den Zeitbegriffen hindeutet. (Von einem bereits 6 Jahre alten Jungen könnte diese Leistung erwartet werden.)

Situation / Tätigkeit des Kindes	Beobachtungen (Wie tut es das Kind? Wie verhält es sich?)	Interpretationen (Hinweise auf Störungen in ...)
Die Kinder sitzen im Stuhlkreis und hören der Erzieherin zu, die eine Kurzgeschichte vorliest. Die Praktikantin räumt währenddessen die Papierschnipsel von der vorangegangenen Bastelarbeit auf.	— Maren klatscht in die Hände und ruft freudig: „Au ja", nachdem die Erzieherin den Titel vorgelesen hat. Maren hört ca. 1 Minute konzentriert zu. Richtet dann ihren Blick auf die Praktikantin, die hinter ihr vorbeigeht, um den Papierkorb zu holen. Maren fragt sie: „Was machst du?" Nachdem sie die Antwort erhalten hat, hört sie wieder zu, bis die Praktikantin die ersten Papierreste zusammenknüllt. Wieder schaut Maren ihr zu, steht auf, geht zur Praktikantin, knüllt Papier, sagt: „Ich helf dir." Während sie ein Stück Papier greifen will, sieht sie die Schere auf dem Tisch, nimmt diese und beginnt, die Papierreste in viele kleine Schnipsel zu schneiden, die alle auf den Boden fallen.	— Maren kennt die Geschichte offensichtlich und freut sich darauf (hohe Motivation). Trotz hoher Motivation ist sie durch die Geräusche der Praktikantin ablenkbar. Sie widmet sich sofort dem Geschehen um sie herum (Schwäche der Fähigkeit zur Reizselektion). Lässt sich durch den visuellen Reiz (Schere) von ihrem Vorhaben ablenken (erhöhte Ablenkbarkeit durch visuelle und akustische Reize). Maren wirkt daher „sprunghaft".

Seriale Wahrnehmungsschwäche

Kinder sitzen im Stuhlkreis. Erzieherin hat das Märchen der Bremer Stadtmusikanten vorgelesen. Hans soll nun die Geschichte nacherzählen.	— Hans sagt: „Das war wohl ein Märchen..." und erzählt nicht weiter. Erz.: „Weißt du noch, wie das Märchen hieß?" Hans: „Ja, die Bremer Stadtmusikanten." Erz.: „Und was geschah da?" Hans: „Da waren Räuber... und ein Hund und eine Katze." Erz.: „Welche Tiere kamen da noch vor?" Hans: „Weiß nicht..." Erz.: „Was haben die Tiere denn gemacht mit den Räubern?" Hans: „Die haben Krach gemacht und gegessen."	— Auditive seriale Merkfähigkeitsschwäche: Hans benötigt ständig Hinweisreize seitens der Erzieherin, damit er sich überhaupt noch an einige Details erinnern kann. Die Geschichte an sich kann nicht erzählt werden, d. h. der Handlungsablauf ist nicht erinnerbar. Vermutlich ist die geschilderte Handlungskette zu lang sowie die Anzahl der Akteure zu hoch.
Mike wird aufgefordert, Hans zu helfen und zu erzählen.	— Mike überlegt lange, erzählt stockend: „Also da waren viele Tiere. Eine Katze, ein Hund und ein Esel. Die Räuber waren auch schon im Wald. Die haben ganz viel getrunken und gegessen. Das wollten die Tiere auch haben und haben sie erschreckt. Der Müller war ganz gemein. Der hat die Tiere schlachten wollen... Aber die sind einfach weggelaufen."	— Seriale Merkfähigkeitsschwäche: Der zeitliche Ablauf der Geschichte gerät durcheinander, wichtige Details fehlen.
In der Turnstunde macht die Erzieherin folgende Übungsreihe vor: Zuerst auf allen Vieren über die lange Sitzbank krabbeln. Am Ende aufstehen und rückwärts zum Ausgangspunkt zurück balancieren, dann seitwärts abspringen.	— Hannes krabbelt auf allen Vieren über die Bank, steht auf und springt ab. — Iris balanciert gehend über die Bank, balanciert rückwärts zurück und springt dann ab. — Sabrina hüpft auf die Bank, vollführt „Kunststücke", lacht und kaspert.	— Visuelle seriale Merkfähigkeitsschwäche: Die Handlungskette ist verkürzt. — Auch bei Iris ist die Handlungskette verkürzt, zudem ist der Anfang noch verändert bzw. vergessen. (Es ist oft so, dass gerade der Anfang vergessen wird, während die zeitlich näher liegenden Informationen noch abrufbar sind.) — Sabrina kaspert vermutlich, um die Merkfähigkeitsschwäche nicht ersichtlich werden zu lassen.

Aktivierungsniveau des ZNS

Situation / Tätigkeit des Kindes	Beobachtungen (Wie tut es das Kind? Wie verhält es sich?)	Interpretationen (Hinweise auf Störungen in ...)
Die Kinder spielen frei im Gartengelände.	— Moritz schaukelt kräftig auf der großen Schaukel. Nach ca. 20 Sekunden, nachdem er gerade richtig in Schwung geraten ist, springt er unvermittelt ab. Eilt zum Kletterbaum, auf dem er bis zur Spitze hochklettert, nur 2 Stufen zurückklettert und dann auf den Boden hüpft. Eilt in die geöffnete Gartenhütte (sah, wie Erzieherin hineinging), kommt mit der Gartenhacke heraus, hackt 5 mal kräftig in den Rasen, wirft die Hacke im hohen Bogen weg, ohne die umstehenden Kinder zu beachten. Springt im Eiltempo zur Spielhütte, wo ein paar Mädchen „Besuch von feinen Damen" spielen. Moritz schreit: „Raus hier!"	— Mangelnde Ausdauer und motorische Unruhe, vermutlich als Folge einer Aktivitätsstörung. Im Falle einer zu Grunde liegenden zu hohen Aktivierung bedeuten die (heftigen) motorischen Aktivitäten keine „Abreaktion", sondern im Gegenteil eine zusätzliche Aktivierung. Moritz „überdreht" daher leicht, beobachtet Gefahrenreize für sich und andere nicht mehr. Im Falle einer zu Grunde liegenden zu niedrigen Aktivierung führt sich Moritz über die schnellen und kräftig ausgeführten Tätigkeiten verstärkt Reize zu, sozusagen, um das Defizit auszugleichen. Der rasche Wechsel der Aktivitäten kann im selben Sinn als ständige Reizsuche interpretiert werden. Die chronische Über- oder Unteraktivierung verhindert auch ein planvolles Vorgehen oder Überlegen.

Impulsivität – Reflexivität

Karen, Astrid und Erzieherin spielen ein Würfelspiel.	— Karen will nach jedem Spielzug der anderen Mitspieler sofort nach dem Würfel greifen oder auch direkt nachdem sie selbst gerade gewürfelt hat. — Karen „erledigt" öfter für die anderen Mitspieler deren Züge, d. h. sie fährt mit dem Männchen von Astrid oder von der Erzieherin. Oder Karen deutet sofort auf das Zielfeld, auf das das Männchen von Astrid gehört, noch bevor diese ihr Männchen ergriffen hat.	— Impulsiver Handlungsstil: Karen kann nicht abwarten, bis sie an der Reihe ist, bis die Mitspieler in deren eigenem Tempo die Spielzüge erledigt haben. (Es geht ihr zu langsam.) Karen wirkt ungeduldig, hektisch, zerfahren.
Erzieherin will mit 8 Kindern, aufgeteilt in 2 Gruppen, 2 Picknickkörbe packen. Jede Gruppe hat 1 Korb. Die Kinder sollen die Nahrungsmittel, die auf dem Tisch liegen, gerecht aufteilen. Es gibt jeweils 8 Äpfel, Bananen und Brötchen, 2 Pckg. Schokoküsse, 2 Pckg. Butterkekse, 2 Fl. Saft und 2 Teekannen. Erzieherin sagt: „Passt bitte auf, dass nichts zerdrückt wird!"	— Karen fängt sofort an einzupacken, ohne sich mit den anderen abzusprechen. Sie greift eiligst alle Äpfel und Bananen, dann beide Packungen Schokoküsse, so dass diese zuunterst im Korb liegen. Darüber legt sie 2 Brötchen und alle Kekse. Zum Abschluss legt sie 1 Flasche Saft darüber und meint: „So, das reicht." Der Korb ist so voll, dass wirklich nichts mehr Platz hat und die Flasche sogar herausfallen kann.	— Impulsiver Handlungsstil: Karen ist nicht umsichtig genug, hat nur das Ziel (gefüllter Korb) vor Augen und beginnt planlos und ungeordnet einzupacken. Überlegt nicht, was zerdrückt werden könnte, und beachtet nicht die Anzahl der Dinge, obwohl sie fehlerlos bis 10 zählen kann und einen sicheren Mengenbegriff bis 5 hat. Beendet das Packen auf Grund der Tatsache, dass der Korb nichts mehr fassen kann, also nicht nach den vorgegebenen Kriterien (gerecht geteilt und von jedem etwas). In der Unbedachtheit bemerkt Karen auch nicht, dass die Flasche leicht herausfallen kann.

V. Aktivitäten zur Förderung der Wahrnehmung

Das alltägliche Miteinander von Erwachsenen und Kindern bietet zahlreiche Möglichkeiten, die Wahrnehmungsentwicklung des Kindes günstig zu beeinflussen. Die folgenden Hinweise zeigen beispielhaft, wie im Alltag die Entwicklung der Wahrnehmung angeregt werden kann.

Die Wahrnehmungsentwicklung anregende Aktivitäten im Kontakt mit dem Kind unterscheide ich deutlich von bekannten Förder- und Trainingsprogrammen. Förderprogramme wie beispielsweise die „Sensorisch Integrative Therapie" nach J. Ayres oder die „Basale Stimulation" nach A. Fröhlich oder Trainingsprogramme zur Schulung der phonematischen Bewusstheit (von Logopäden oder Sprachheillehrern durchgeführt) oder auch Methoden der Psychomotorik sollen hier nicht näher vorgestellt werden. Sie bleiben den speziell dafür ausgebildeten Fachkräften vorbehalten, die jeweils nach differenzierter vorangegangener Diagnostik ein individuelles Therapiekonzept erstellen. Im gegebenen Fall empfiehlt es sich, unter der Anleitung oder Beratung eines Spezialisten gezielte Förderangebote und Spielaktivitäten mit dem Kind zur Unterstützung durchzuführen.

Hier möchte ich schwerpunktmäßig auf die für die Wahrnehmungsentwicklung günstigen Bedingungen hinweisen, die im natürlichen Miteinander im Lebensalltag, sei es im Kindergarten oder in der Familie, gegeben sind. Dies gilt für alle Kinder, da sie alle die gesamte Kindheit über in der Wahrnehmungsentwicklung begriffen sind. In ganz besonderem Maße trifft dies jedoch für Kinder zu, die Störungen in der Wahrnehmungsentwicklung aufweisen. Durch entsprechende Anreize können Kompensationsmöglichkeiten über andere intakte Sinnesbereiche oder auch Linderung der Störungen bewirkt werden.

Die folgenden allgemein gültigen Hinweise zur Entwicklungsanregung gehen von den Entwicklungsprinzipien des Gehirns und von entwicklungspsychologischen Erkenntnissen aus.

▬ Beziehungen emotional positiv gestalten

Belohnungseffekte

Nichts wirkt entwicklungsförderlicher als eine positive Beziehungsqualität zwischen Kind und Bezugsperson. Der Mensch wird als soziales Wesen geboren und ist von seiner Wahrnehmungsfähigkeit her von Geburt an bestens für soziale Interaktionen ausgestattet. Aufmerksame Zuwendung, Blickkontakt, Ansprache, Körperkontakt, Bestätigung durch Kopfnicken, Anlächeln oder auch verbale Ansprache und melodische Betonung (z. B. „Ammensprache") sind erste positive Bestärkungen eines Säuglings, die eines der drei biologisch angelegten Belohnungssysteme im Gehirn aktivieren: das dopaminerge Belohnungssystem. D.h. bei Erfolg, Bestätigung und Bedürfnisbefriedigung werden vermehrt Dopamine (= Neurotransmitter) zur Erregungsübertragung an den Synapsen (Kontaktstellen der Nervenbahnen und Nervenzellen) ausgeschüttet, was einen starken belohnenden Effekt hat. Zeitlebens werden Dopamine bei Erfolgen ausgeschüttet, die den Belohnungs- oder Verstärkereffekt bringen. Bekanntermaßen wird daher unter Belohnungsbedingungen am besten gelernt und weit weniger oder gar nicht unter Bestrafungsbedingungen!

Persönlichkeits- und Sozialentwicklung

In einer „guten Interaktion" beider Partner herrscht von Geburt an und auf intuitive Weise eine auf Gegenseitigkeit beruhende Wechselwirkung positiver Bestätigungen sozialer Signale wie auch der jeweils passenden Reaktionen/Antworten vor. Gezeigte Freude in der Interaktion oder dem Spiel mit dem Kind, die eigene emotionale Reaktionen (z. B. Neugierde, Spannung, Freude, Spaß) erkennen lassen, vermitteln Wohlbefinden und das Gefühl, akzeptiert und geliebt zu sein – Grundvoraussetzungen für eine sichere Bindungsstruktur (mit Aufbau von Urvertrauen). Auch werden über Lächeln, positive Zuwendung und Lob seitens der Bezugsperson Anreize zu „noch mehr" Eigenaktivität und sozialer Interaktion gesetzt. Über Einfühlungsvermögen und Widerspiegelung der Gefühle oder Probleme des Kindes erfährt es Unterstützung zur Überwindung von Schwierigkeiten, Ängsten, Unsicherheiten usw., was einerseits Hilfen zur Selbstregulierung (Überwindung von negativen Emotionen) bietet, andererseits gleichzeitig den Mut und die Neugierde zur Umwelterkundung stärkt. Die sprachliche Begleitung des Geschehens („kommentieren", was gerade geschieht oder gemacht wird, und „aktives Zuhören" = Widerspiegeln der emotionalen Befindlichkeit des Kindes) bewirken ein allmähliches Differenzieren der Gefühle und Wünsche sowie auch die Entwicklung von empathischen Fähigkeiten.

Motivation und Konzentration

Emotionale Komponenten, wie beispielsweise Wohlbefinden, Vertrauen, Sicherheit oder auch Spaß im gemeinsamen Tun, steuern sowohl die Motivation des Kindes, etwas eigenaktiv in Gang zu setzen, etwas zu tun, als auch die Aufmerksamkeitsspanne und das Durchhaltevermögen.

Kommunikation und Autonomie

Ebenso wird dadurch begünstigt, Kontaktwünsche zu haben und diese altersentsprechend zu äußern (Entwicklung des Sozialverhaltens), oder auch der Mut, in die Welt hinauszugehen, sich zumindest ein Stück weit und für einige Zeit von der Bezugsperson zu entfernen und eigene Eroberungen zu machen (Entwicklung von Autonomie). So wird beim Kind das explorative Verhalten, was zu einem der Grundbedürfnisse gezählt wird, verstärkt, das wiederum eine Menge vielfältiger Sinneserfahrungen im natürlichen Lebenszusammenhang liefert. Die Sinneserfahrungen regen die Entwicklung der Gehirnstruktur (vor allem Dendriten- und Synapsenbildung) an, die für eine sinnvolle und schnelle Informationsverarbeitung erforderlich ist. Sinnvoll ist die Verarbeitung gerade deshalb, weil die vielfältigen Sinneserfahrungen im Zuge einer Erkundung in einem lebensnahen Zusammenhang stehen.

Exploration und Selbstwirksamkeit

Letztendlich gelangt das Kind über seine explorativen Verhaltensweisen und Experimente im Umgang mit Materialien und mit seinen Bezugspersonen zu Erfolgen. Das bedeutet, es erlebt, dass es über eigene Handlungen auf die Umwelt Einfluss nehmen, etwas bewirken und verändern kann. Dergestalt baut es sich allmählich die innere Überzeugung auf: „Ich kann etwas aus eigener Kraft bewirken". In der Psychologie wird dieses innere Konzept als Selbstwirksamkeit bezeichnet.

Selbstwirksamkeit, als Überzeugung von sich selbst, gilt als einer der wesentlichen Schutzfaktoren, die helfen, spätere Belastungssituationen über die mit der Selbstwirksamkeit einhergehenden Fähigkeiten zur Problemlösung, zu Durchhaltevermögen und Frustrationstoleranz besser zu bewältigen. Im Gegensatz zu diesem für eine psychisch gesunde Entwicklung hoch bedeutsamen Schutzfaktor wären Riskikofaktoren wie resignative Haltung, eine erworbene innere Überzeugung, dass jedes eigene Bemühen sinnlos ist, oder Gefühle der Hilflosigkeit prädestinierend für die Entwicklung einer psychischen Symptomatik.

▬ Eigene Lösungswege respektieren statt Lösungen vorgeben

„Versuche nach Plan"

Wie wir heute wissen, geschieht das Erkunden der dinglichen und sozialen Umwelt keinesfalls nach dem Versuch-Irrtum-Prinzip, sondern bereits wohlüberlegt. Erste Erfahrungen mit einem neuen Gegenstand, beispielsweise einer Feder, werden meist „bedacht" und, durchaus den Eigenschaften des Materials angemessen, gestartet. Geschehen Missgeschicke oder gelingt etwas nicht, wird – auf der Grundlage der Sinneinformationen Sehen, Spüren, Hören – genau überlegt, woran das liegen könnte, und erst daraufhin werden neue „Versuche" unternommen. „Dabei handelt es sich in den meisten Fällen um „Versuche nach Plan". Die sinnliche Erfahrung wird ausgewertet, es wird ausprobiert, ob die gleiche Handlung zum

gleichen Ergebnis führt, ob kleine Veränderungen etwas Neues bewirken oder ob das Ergebnis der gedanklichen Auswertung zutreffend ist usw. Bekanntlich lernt man aus Fehlern am besten und nicht, wenn Lösungen fix und fertig vorgegeben sind.

Hinweisreize als Hilfestellung

Für ErzieherInnen im Kindergarten und Eltern seien hier einige Beispiele für die Umsetzung in die Praxis genannt. Bei Misserfolgen eines Kindes, die es nicht durch eigenes Handeln korrigieren kann, empfiehlt es sich, statt den sicher zum Ziel führenden Lösungsweg vorzugeben, Hinweisreize zu bieten, die das Kind für eigene Lösungsideen verwerten kann.

Beispielhaft sind lenkende Fragen wie: „Was brauchst du denn noch dazu? Weißt du schon, was daraus werden soll? Kannst du das auch noch anders machen? Wie hast du das das letzte Mal gemacht?" Auch können direkte Hinweisreize das Kind motivieren und zum selbst bewirkten Erfolg führen. Hinweisreize können auch Kommentierungen sein, z. B. in einer Rhythmikstunde: „Wenn das Schwingtuch zu heftig geschwungen wird, rollt der Ball herunter." Die Eigenleistung des Kindes ist es nun, das Gesagte zu verwerten und eine Änderung seiner Handlung herbeizuführen, die zum Ziel (Ball soll auf dem Tuch hin- und herrollen) führt.

Auch direkte Hinweise können hilfreich sein, wie „Ich glaube, du hast da etwas vergessen", oder „Die gesammelten Steine sind sehr schwer, es könnte sein, dass die Vespertüte reißt." In diesem Fall wird das Kind sehr wohl die Steine erst einmal in die Papiertüte packen (das eigene Konzept will umgesetzt und erprobt werden), um die angekündigte Erfahrung zu machen (es will sich selbst überzeugen), und sich erst danach eine andere Lösung für den Transport der Steine überlegen. Erstaunlich, wie viele erfolgreiche Lösungswege Kinder entdecken, außer den von uns Erwachsenen ausgedachten! Der Erfolg der eigenen Lösungsidee bestärkt wiederum das Selbstwertgefühl, die Selbstkompetenz und Autonomie des Kindes.

Problemlöseverhalten

„Fehler" aktivieren Denkprozesse und führen letztlich zur Entwicklung von Problemlöseverhalten, das zeitlebens in schwierigen Situationen erforderlich ist, wenn man nicht „wie der Ochs vor dem Berg stehen" will. Andernfalls werden Probleme vorschnell als unlösbar beurteilt, was weit reichende Folgen haben kann. Beispielsweise für das Selbstkonzept („Ich krieg gar nichts auf die Reihe.") oder die emotionale Befindlichkeit (Frustration bewirkt Wut und Aggression oder Resignation) oder die Motivation und Ausdauer (rascher Interessensverlust, fängt vieles an, ohne es zu Ende zu bringen) oder für die Entwicklung der „praktischen" Intelligenz.

▬ Anregende Umwelten bieten und gerichtete Aufmerksamkeit bewirken

Aktivität anregende Umwelten

Die Sinne anregende Umwelten stellen alle Umwelten und Materialien dar, die das Kind zum Explorieren, zum Hantieren und Manipulieren reizen (z. B. eine Wiese, ein Garten, ein Busch, ein Sandhaufen), womit es also etwas anfangen kann. Ein abgebrochener Ast beispielsweise kann als Hexenbesen, als Zaunpfahl, als Spazierstock, als Stock zum Werfen oder Trommeln, zum Zeichen in den Sand malen, zum Schnitzen, zum Kämpfen, als Angel oder ganz einfach zum Zerbrechen (Kraft und Geschicklichkeit erproben, Erfahrungen mit verschieden trockenen oder alten Hölzern und Holzarten machen, Geräusche von knackendem Holz erzeugen, Holz riechen können usw.) genutzt werden. Auch hier gilt: Je weniger das Material vorgefertigt ist und den Gebrauch entsprechend seiner vorgegebenen Funktionen einschränkt, umso anregender ist es. Und umgekehrt: Je mehr die Funktion oder die Handhabung festgelegt ist, desto rascher schwindet das Interesse daran.

Vielfalt bietende Umwelten

Anregend beutet natürlich auch vielfältig. Der Besuch einer Backstube mit den vielen verlockenden Düften und dem Teig zum Kneten oder ein Stück Garten, den das Kind nach Lust und Laune oder auch in Nachahmung von Erwachsenen bearbeiten kann, ein Baum zum Klettern (statt eines Klettergerüstes) mit dicken und dünnen brechenden Ästen, mit Ästen, die sich gefährlich nach unten biegen oder festen Halt bieten, sind vielfältige Erfahrungsräume, die alle Sinne gleichzeitig aktivieren. Ganz neue Erfahrungswelten kann für ein Stadtkind zum Beispiel der Besuch eines Bauernhofes oder auch ein Waldausflug bieten, während das Landkind in der Stadt „große Augen" macht.

Altbekannte Umwelten in neuem Licht

Anregend bedeutet nicht unbedingt „neu". Denn auch bekannte Materialien sind für ein Kind so lange „neu", wie es immer wieder etwas Neues daran entdeckt oder das Neue noch nicht hinreichend verinnerlicht hat oder etwas Neues damit ausführt oder neue Kombinationen mit anderen Materialien bewerkstelligt. Was uns Erwachsenen manchmal schon langweilig erscheint, ist für die Kinder immer noch der begehrte Gegenstand ihrer Neugierde. Kinder benötigen auch nicht ständig neue Spielmaterialien. Sie beschäftigen sich erst einmal lange und ausgiebig mit einem Gegenstand, bis sie alle Aspekte und Variationsmöglichkeiten erkundet und erprobt haben. Hat das Kind schon die Symbolstufe in der Spielentwicklung erreicht, stehen dem phantasiereichen Umgang mit ein und demselben Spielmaterial Tür und Tor offen.

Neue Umwelten

Anregend ist natürlich alles Neue, weil es einen hohen Aufforderungscharakter zum Erforschen bietet. Dies gilt aber – in Altersabhängigkeit – nur, sofern nicht alle Komponenten einer Situation neu oder unüberschaubar komplex sind (da z. B. noch keine ähnlichen Situationen erfahren wurden), weil dadurch leicht Angst entsteht und die Eigenaktivität gehemmt werden kann.

Gezielte Aufmerksamkeitslenkung

So sehr Kinder Freiräume für freies Spiel und Handeln brauchen, so sehr benötigen sie immer wieder gezielte Hinweise, um die gelenkte

Aufmerksamkeit auf besondere Aspekte einer Tätigkeit oder einer Freizeitbeschäftigung zu richten. Der Blick, das Gehör und der Tastsinn sollen geschärft werden für Details oder spezifische Eigenheiten der dinglichen und sozialen Umwelt, die Sinneserfahrungen sollen verfeinert und vertieft und die Zusammenhänge oder Unterschiede verdeutlicht werden. Es handelt sich um ein geleitetes Aufnehmen von Sinneserfahrungen, mit gezielten Lernerfahrungen. Damit werden auf der Basis sinnlicher Erfahrungen kognitive Schemata entweder neu aufgebaut oder erweitert und dienen vor allem der Intelligenz- und Sprachentwicklung.

Hierzu ein Beispiel: Bei einem Erkundungsspaziergang durch das Dorf betrachten die Kinder einen typischen Bauerngarten. Die Erzieherin macht auf folgende Erfahrungen aufmerksam: „Schaut mal!" (Aufmerksamkeit wird gerichtet). „Hier gibt es Blumen, an denen ganz viele Bienen den Nektar tanken. Dort drüben, bei den Rosen, sehe ich gar keine Bienen. Die Bienen lieben besonders diesen blauen Lavendel. Und riecht mal, er duftet sogar bis hierher. So duftet Lavendel. Könnt ihr noch mehr Pflanzen oder Blumen entdecken, bei denen viele Bienen einkehren?"

Autorin

Maria Pfluger-Jakob, geb. 1948, ist Diplom-Psychologin und Fachpsychologin für Klinische Psychologie; sie ist approbierte Psychologische Psychotherapeutin für Erwachsene und Kinder- und Jugendpsychotherapeutin.
Nach dem Studium der Psychologie und Pädagogik sammelte sie erste Berufserfahrungen mit entwicklungsauffälligen Kindern, Jugendlichen und Erwachsenen in Tagesstätten und Heimen für geistig und körperlich behinderte Menschen. Daraufhin spezialisierte sie sich im Bereich der Neuropsychologie und Neuropsychopathologie und machte Zusatzausbildungen in Verhaltenstherapie, Gesprächspsychotherapie, tiefenpsychologisch fundierter Gestalttherapie, Klinischer Hypnosetherapie und systemisch orientierter Paar- und Familientherapie.
Seit 1982 arbeitet sie in ihrer freien Psychologischen Praxis mit den Schwerpunkten Psychotherapie, Entwicklungs- und Leistungsdiagnostik bei Kindern, Beratung von Eltern, ErzieherInnen und LehrerInnen, Einzel- und Teamsupervision. Darüber hinaus ist sie als Dozentin, Kursleiterin und Autorin tätig.

Literatur

Verwendete Literatur

Affolter, F.: Aspekte der Entwicklung und Pathologie von Wahrnehmungsstörungen. In: Pädiat. Fortbildk. Praxis, Vol. 34, Basel 1972.

Affolter, F.: Wahrnehmungsgestörte Kinder. Aspekte der Erfassung und Therapie. In: Zeitschr. Pädiatrie und Pädologie, 12, 1977, S. 205-213.

Becker, Heidrun: Kinder mit Wahrnehmungsstörungen. Ein Ratgeber für Eltern, Pädagogen und Therapeuten. Schulz-Kirchner Verlag, 2005.

Berendt, Joachim Ernst: Das dritte Ohr. Vom Hören der Welt. Rowohlt Sachbuch, 1985.

Biermann, Ingrid: Spiele zur Wahrnehmungsförderung. Verlag Herder, 1999.

Eliot, Lise: Was geht da drinnen vor? Die Gehirnentwicklung in den ersten fünf Lebensjahren. Berlin Verlag, 2. Auflage 2002.

Fischer, Erhard: Wahrnehmungsförderung. Verlag modernes lernen, 2003.

Fröhlich, Andreas: Wahrnehmungsstörungen und Wahrnehmungsförderung. Universitätsverlag Winter, 2005.

ders.(Hrsg.): Wahrnehmungsstörungen und Wahrnehmungstraining bei Körperbehinderten. Verlag Schindele, 1977.

Graichen, J.: Störungen der Integration. In: Remschmidt, H. u. Schmidt, M. (Hrsg.): Neuropsychologie des Kindesalters. Verlag Enke 1981, S. 280-291.

Hirler, Sabine: Wahrnehmungsförderung durch Rhythmik und Musik. Herder Verlag, 2004.

Hohler, Frank-Michael: Ich bin ganz Ohr! In: kindergarten heute 1-2/1993, S. 3-9.

Kusch, M.: Normale und abweichende Entwicklung im Säuglingsalter. In: Zeitschr. Kindheit u. Entwicklung, 4, 1995, S. 7-14.

Kusch, M. u. Petermann, F.: Entwicklungspsychopathologie von Verhaltensstörungen im Vorschulalter. In: Petermann F. u. U. (Hrsg.): Angst und Aggression bei Kindern und Jugendlichen. Verlag Quintessenz, 1993, S. 9-30.

dies.: Konzepte und Ergebnisse der Entwicklungspsychopathologie. In: Petermann, F. (Hrsg.): Lehrbuch der Klinischen Kinderpsychologie. Verlag Hogrefe, 1995, S. 5-94.

Mertens, Krista: Lernprogramm zur Wahrnehmungsförderung. Verlag modernes lernen, 2004.

Papousek, M.: Kommunikations- und Beziehungsdiagnostik im Säuglingsalter. Eine Einführung in den Themenschwerpunkt. In: Zeitschr. Kindheit u. Entwicklung, 5, 1996, S.13-139.

ders.: Vom ersten Schrei zum ersten Wort. Anfänge der Sprachentwicklung in der vorsprachlichen Kommunikation. Verlag Huber, 1994.

Pfluger-Jakob, Maria: So entwickelt sich mein Kind. Vom Kleinkind bis zum Schulanfang. Verlag Herder spektrum, 1998.

Rauh, H.: Frühe Kindheit. In: Oerter, R. u. Montada, L. (Hrsg.): Entwicklungspsychologie. Verlag Urban & Schwarzenberg, 1982, S. 124-194.

Spitzer, Manfred: Lernen. Gehirnforschung und die Schule des Lebens. Spektrum Akademischer Verlag, 2002.

Tomatis, Alfred A.: Der Klang des Lebens. Rowohlt Taschenbuch, 1990.

Zimmermann, Antje: Ganzheitliche Wahrnehmungsförderung bei Kindern mit Entwicklungsproblemen. Verlag modernes lernen, 2002.

Weiterführende Literatur

Affolter, Felicié: Wahrnehmung, Wirklichkeit, Sprache. Neckar-Verlag, 1987.

Ayres, Jean: Bausteine der kindlichen Entwicklung. Springer-Verlag, 1984.

Bielefeldt, Elfriede: Tasten und Spüren. Wie wir bei taktil-kinästhetischer Störung helfen können. Ernst Reinhardt Verlag, 2000.

Brüggebors, Gela: Einführung in die holistische sensorische Integration (HSI) Teil 1. Borgmann-Verlag, 1992.

dies.: Einführung in die holistische sensorische Integration (HSI) Teil 2. Borgmann-Verlag, 1994.

Bücken, H.: Mit Hand und Fuß. Erprobte und neue Spiele und Spielideen. Verlag Herder, 1997.

Holle, Britta: Die motorische und perzeptuelle Entwicklung des Kindes. Ein praktisches Lehrbuch für die Arbeit mit normalen und retardierten Kindern. Psychologie Verlags Union, 1988.

Jackel, Birgit: Das Netzwerk des Lernens aus neurophysiologischer Sicht mit didaktischen Konsequenzen für Kindergarten und Grundschule. Verlag Modernes Lernen, 2000.

dies.: Kinder orientieren sich. Spiele zur Entfaltung psychomotorischer Handlungskompetenz. Verlag Modernes Lernen, 2000.

Kesper, Gudrun u. Hottinger, Cornelia: Mototherapie bei sensorischen Integrationsstörungen. Eine Anleitung zur Praxis. Ernst Reinhardt Verlag, 1992.

Kiesling, Ulla: Sensorische Integration im Dialog. Verstehen lernen und helfen, ins Gleichgewicht zu kommen. Verlag Modernes Lernen, 3. Auflage 2001.

Mertens, Christa: Körperwahrnehmung und Körpergeschick. Verlag Modernes Lernen, 1986.

Miedzinski, Klaus: Die Bewegungsbaustelle. Kinder bauen ihre Bewegungsanlässe selbst. Verlag Modernes Lernen, 1989.

Olbrich, Ingrid: Auditive Wahrnehmung und Sprache. Verlag Modernes Lernen, 1989.

Pauli, Sabine u. Kisch, Andrea: Was ist los mit meinem Kind? Bewegungsauffälligkeiten bei Kindern. Otto Meier-Verlag, 1992.

Pfluger-Jakob, Maria: So entwickelt sich mein Kind. Vom Kleinkind bis zum Schulanfang. Verlag Herder, 1998.

Reinartz, A. u. Reiser, H.: Wahrnehmungsförderung behinderter und schulschwacher Kinder, Berlin 1979.

Sinnhuber, Helga: Optische Wahrnehmung und Handgeschick. Übungsanleitungen. Verlag Modernes Lernen, 1983.

van Treeck, Marie-Josée Gregoir: Spielend fördern. Integriertes Lernen durch Spielen. Verlag Borgmann, 1990.

Zimmer, Renate: Kreative Bewegungsspiele. Psychomotorische Förderung im Kindergarten. Verlag Herder, 16. Auflage 2003.

dies.: Musik und Bewegung – elementare Medien kindlicher Ausdrucks- und Erlebnisfähigkeit. In: kindergarten heute 3/1991, S. 44-47.

dies.: Psychomotorik – mehr als ein Reizwort. In: kindergarten heute 4/1991, S. 18-26.

dies.: Das Spiel mit den Sinnen – Zur Praxis psychomotorischer Förderung. In: kindergarten heute 6/1991, S. 22-26.

dies.: Spiele mit Geräuschen. In: kindergarten heute 1/1992, S. 30-34.

dies.: Ich sehe was, was du nicht siehst. Spielideen zur Förderung der visuellen Wahrnehmung. In: kindergarten heute 2/1992, S. 20-25.

dies.: Offene Bewegungsangebote – Didaktische Überlegungen und praktische Beispiele. In: kindergarten heute 4/1992, S. 36-41.

dies.: Sprache und Bewegung. In: kindergarten heute 6/1992, S. 52-58.

dies.: Veränderte Kindheit – verändertes Spielen. In: kindergarten heute 3/1993, S. 42-50.

dies.: Bewegungserziehung – Bestandteil einer kindgerechten Gesundheitserziehung. In: kindergarten heute 9/1993, S. 34-40.

dies.: Bewegungsräume im Kindergarten. In: kindergarten heute 11/1993, S. 22-26.

dies.: Ein Festival der Sinne. Anregungen für ein Sommerfest. In: kindergarten heute 4/1995, S. 26-27.

dies.: Motorik und Persönlichkeitsentwicklung bei Kindern. Hofmann-Verlag, 1996.

dies.: „Ich bin schon groß, ich kann alleine klettern…" In: kindergarten heute 1/1997, S. 6-14.

dies.: Handbuch der Bewegungserziehung. Verlag Herder, überarb. u. erw. Neuausg. 2005.

dies.: Handbuch der Sinneswahrnehmung. Grundlagen einer ganzheitlichen Bildung und Erziehung. Verlag Herder, überarb. Neuausg. 2005.

Wissenschaftlich interessierten LeserInnen seien zwei Lehrbücher empfohlen:

Goldstein, E. Bruce: Wahrnehmungspsychologie. 2. dt. Ausgabe, hrg. v. Manfred Ritter. Spektrum Akademischer Verlag, 2002.

Kandel, Eric R., Schwartz, James H. u. Jessel, Thomas M. (Hrsg.): Neurowissenschaften. Eine Einführung. Spektrum Akademischer Verlag, 1996.

Impressum

wissen kompakt/spezial: Wahrnehmungsstörungen bei Kindern – Hinweise und Beobachtungshilfen ist ein Sonderheft von ‚kindergarten heute – Die Fachzeitschrift für Erziehung, Bildung und Betreuung von Kindern'

Redaktion:
Carolin Küstner (verantw.)

Anschrift der Redaktion:
Hermann-Herder-Str. 4
79104 Freiburg i. Br.
Tel.: (0761) 2717-439
Fax: (0761) 2717-240
E-Mail: redaktion@kindergarten-heute.de
www.kindergarten-heute.de

Verlag:
Alle Rechte vorbehalten – Printed in Germany
© Verlag Herder, Freiburg im Breisgau 2006
www.herder.de

Fotos:
Hartmut W. Schmidt, Freiburg

Layout:
Frank & Konsorten
Werbeagentur, Lahr

Satz und digitale Bearbeitung:
fgb · freiburger graphische betriebe

Druck:
fgb · freiburger graphische betriebe 2012
www.fgb.de

Leserservice:
Verlag Herder GmbH
Hermann-Herder-Str. 4
79104 Freiburg
Tel.: (0761) 2717-379
     (0761) 2717-244
Fax: (0761) 2717-249
E-Mail: kundenservice@herder.de

Gedruckt auf chlorfrei gebleichtem Papier

Titelnummer: 91
ISBN: 978-3-451-00091-1

6. Auflage